吴越春秋选译

修订版

译注 郁默
审阅 倪其心

古代文史名著选译丛书

主编 章培恒 安平秋 马樟根

凤凰出版传媒集团 凤凰出版社

图书在版编目（CIP）数据

吴越春秋选译 / 郁默译注. -- 南京：凤凰出版社，
2011.5
（古代文史名著选译丛书）
ISBN 978-7-5506-0333-2

Ⅰ．①吴… Ⅱ．①郁… Ⅲ．①中国历史－吴国（？～
前473）②中国历史－越国（？～前306） Ⅳ．
①K225.04

中国版本图书馆CIP数据核字（2011）第045889号

书　　名	吴越春秋选译
译注者	郁　默
责任编辑	汪允普
出版发行	凤凰出版传媒集团
	凤凰出版社（原江苏古籍出版社）
	南京市中央路165号　邮编 210009
	发行部电话 025-83223462
集团网址	凤凰出版传媒网　http://www.ppm.cn
照　　排	江苏凤凰制版有限公司
印　　刷	江苏凤凰扬州鑫华印刷有限公司
	扬州市江阳工业园蜀岗西路9号　邮编 225008
开　　本	960×1304毫米　1/32
印　　张	9
字　　数	146千字
版　　次	2011年5月第1版　2011年5月第1次印刷
标准书号	ISBN 978-7-5506-0333-2
定　　价	19.00元

（本书凡印装错误可向承印厂调换，电话：0514-85868858）

《古代文史名著选译丛书》编委会

顾问

周林　　邓广铭　　白寿彝

主编

章培恒　　安平秋　　马樟根

编委

（均按姓氏笔划多少排列）

马樟根　平慧善　安平秋　刘烈茂　许嘉璐

李国祥　金开诚　周勋初　宗福邦　段文桂

董治安　倪其心　黄永年　章培恒　曾枣庄

（以上为常务编委）

王达津　吕绍纲　刘仁清　刘乾先　李运益

杨金鼎　曹亦冰　常绍温　裴汝诚

（以上为编委）

《古代文史名著选译丛书》修订版
出版说明

呈献在读者面前的这套《古代文史名著选译丛书》是 2011 年的修订版。全书共 134 册,包括了中国从先秦至清末两三千年间的著名典籍。每部典籍都选其精粹(《论语》《老子》则全文收录),收录原文,加以简明的注释,力求准确地译为现代汉语,并于每一篇之前写有对该文的提示性说明。这是近一个世纪以来,规模最大、收录种类相对齐全、译注质量较高的一套普及传统文化的今译丛书。

这套丛书,原在 1992 年—1994 年由巴蜀书社分三批出齐,印行过万套;不久,又由台湾的出版机构买去海外版权在台湾及海外发行,可见这套丛书当年在两岸受欢迎的程度。时隔 17 年,丛书编委会决定重新修订，改由江苏凤凰出版集团所属的凤凰出版社出版。

　　这套丛书是由教育部属下的全国高等院校古籍整理研究工作委员会（简称古委会）于1985年策划的。古委会组织了全国18所大学的古籍整理研究所的所长任编委会编委，由我们三人任主编，在全国范围内选请学有专长的学者承担各书的译注。从1986年—1992年，历时7年完成。当时，编委会制订了严明、可行的体例和细则，译注者按要求完成书稿。每部书稿完成后，都在全国范围内请编委会之外的专门研究这一学术领域的两位专家初审，合格后再请两位编委参照初审意见审改，然后退还原译注者改正。待原译注者改正后，再由编委会集中常务编委和部分编委、相关专家在一地将每部书稿从头至尾审改。这样的集中审稿会一般都在8—15天，7年中开了12次审改会。审改后，三位主编再集中在一起逐一审定，交付出版社。这一工作程序，使得这套丛书的译注质量有了一定的提高。所以，这套丛书，在一定程度上是个人与多人合作的结果。关于这套丛书的编纂始末，我们曾在1992年4月全书交稿后写有一篇文章，这次附在修订版书末，便于读者了解。

这次修订,是交由原译注者自己修改。少数译注者已去世,则书稿一仍其旧。个别译注者已联系不上,也保持原貌。

　　1992年—1994年出版时,书前有当时古委会主任周林先生写的序。周林先生是这一丛书的发起者。他已于1997年6月去世,至今已14年了。为了尊重历史,也为了纪念他,修订版仍用他的序。

　　我们三人在1985年—1992年主持这套丛书工作时,年龄大的是从51岁到58岁之间,年龄小的是从44岁到51岁之间,那时尚有精力组织、参与这一工作,今天我们都已年逾古稀。全书修订版出版之际,心情似乎比当年更惴惴不安地期待着读者的评头品足,期待着不要对读者贻误太多。

　　回想这套丛书,真应该感谢我们的祖先为我们留下了这样深厚、丰富的思想、文化遗产,使我们今天仍然受用无穷。应该感谢这套丛书的全体译注者、审阅者、编委和当年的出版者巴蜀书社、今天的出版者凤凰出版社,是他们的学识、辛勤与真诚使得这套丛书得以面世。

章培恒　马樟根　安平秋
2011年3月15日

序

　　《古代文史名著选译丛书》与广大读者见面了。这是丛书编委会的同志与众多专家学者通力协作、辛勤耕耘的结果。

　　中华民族在五千年漫长的岁月里,创造了光辉灿烂的文化,给人类留下了丰富的精神财富。"观今宜鉴古,无古不成今"。今天,以马克思主义的科学理论为指导,整理研究我国古代文化典籍,做到汲取精华,剔除糟粕,古为今用,推陈出新,使人们在正确认识民族历史的同时,得到爱国主义的教育,陶冶道德情操,提高全民族的文化素质,促进社会主义文化的繁荣,使文明古国的历史遗产得以发扬光大,这是我们每个炎黄子孙的责任。而要做到这样，对古籍进行整理与研究是重要的基础工程。但是，整理与研究古籍仅作标点、校勘、注释、辑佚还不够，还要有今译，使老年人、中年人、青年人都愿意去读，都能读懂，以便从中得到教益。

　　基于以上认识，全国高等院校古籍整理研究工作委员会于1986年5月组成了以章培恒、安平秋、马樟根三位同志为主编的《古代文史名著选译丛书》编委会，确定了以全国十八所大学的古籍整理研究所为主力承担这一看似轻易、实则艰巨的今译任务。在第一次编委会议上，拟定了《凡例》《编写与审稿要求》、《文稿书写格式》和一百余种书目。以每一种书为十万至十五万字计算，这套丛书大约有一千余万字，应该说是一项大工程。经过一年的努力，完成了第一批三十六部书稿的译注任务。在各研究所的专家与所长把关的基础上，于1987年5月和7月，先后在复旦大学、北京大学召开了部分编委参加的审稿会，通过了二十五部书稿，作为《古代文史名著选译丛书》与广大读者见面的第一批作品。与此同时，在1987年7月6日，邀请了在京的十几位专家教授与编委会十几位编委一起座谈这套丛书与古籍今译的问题。专家们肯定了今译工作的必要性与深远意义,并以他们数十年的教学科研和创作的经验,说明今译是一项难度很大的工作,是培养人才,使之打下坚实基本功的一种有效方法;专家们还对《古代文史名著选译丛书》提出了宝贵的建议,这对当时的审稿工作和保证《丛书》的质量起了很好的作用。

  实践证明,古籍的今注不易,今译更难。没有对作品的深入、透彻的研究,没有准确、通俗、生动的语言表达能力,要想做好今译是不可能的。两年多来,全国高等院校古籍整理研究工作委员会在探索古籍的今注、今译的道路上,做了一些工作。这部丛书的出版,是系统今译的开始,说明古籍整理研究工作有了新的进展。更可喜的是,一批中青年学者参加了今注今译工作,为古籍整理增添了新生力量,相信他们会在实践中,在学习中,成长成熟。我希望,这套丛书的编委会和高校各古籍整理研究所要敞开大门,加强同国内外专家学者的联系,征求他们和广大读者的意见,并向有真才实学而又适宜做今译工作的专家学者约稿,以提高古籍译注的水平,使《古代文史名著选译丛书》的第二批、第三批作品的质量更上一层楼。

这是一套以文史为主的大型的古籍名著今译丛书。考虑到普及的需要,考虑到读者对象,就每一种名著而言,除个别是全译外,绝大多数是选译,即对从该名著中精选出来的部分予以译注,译文力求准确、通畅,为广大读者打通文字关,以求能读懂报纸的人都能读懂它。我希望这套丛书能成为中小学教师的语文、历史教学的参考书,成为大专院校学生的课外读物,成为广大文史爱好者的良师益友。由于系统的古籍今译工作还刚刚起步,这套丛书定会有不少缺点、错误,也诚恳地希望读者批评指正。

巴蜀书社要我为这套丛书写序,我欣然接受了。我相信这套丛书不仅会使八十年代的人们受益,还将使子孙后代受益,它将对祖国的繁荣昌盛起到点滴的作用。最后借此机会向曾给予我们支持、帮助的专家学者和巴蜀书社的同志表示衷心的感谢!并殷切地希望台湾同胞、港澳同胞、海外侨胞和我们一同做好祖先留给我们的文化遗产的整理工作,为中华民族灿烂的文化再放异彩而努力!

周　林

1987年10月于北京

目 录

前言 …………………………………… 001
王僚使公子光传 ………………………… 001
阖闾内传 ………………………………… 029
夫差内传 ………………………………… 079
勾践入臣外传 …………………………… 132
勾践阴谋外传 …………………………… 167
勾践伐吴外传 …………………………… 198

编纂始末 ………………………………… 001
丛书总目 ………………………………… 001

前　言

在中国历史上,春秋时代是一个风云际会、列强争霸的时代。地处长江下游的吴国、越国,本来是两个落后的诸侯国,僻居东南一隅,被中原各国鄙视为"蛮夷之邦"。但春秋中叶以后,吴、越两国相继崛起,凭借强盛的军事力量,东征西讨,问鼎中原,一度跻身霸强之列。《吴越春秋》记叙的就是吴国、越国的这段历史,特别是吴、越两国争霸之事。

《吴越春秋》的撰者赵晔,字长君,会稽山阴(今浙江绍兴)人。据《后汉书·儒林传》记载,赵晔因耻于做一个侍奉别人的县吏,遂不远数千里,到犍为资中(今四川资阳),从著名经师杜抚学习《韩诗》,潜心经籍,长达二十年。家里人都以为他死了,曾为他举办丧事。赵晔的生卒年已不可考。他曾从杜抚学《韩诗》,而《后汉书》载杜抚"建初中(公元76—83年)为公车令,数月卒"。据此推知,赵晔大约生活在公元一世纪中期到二世纪初期。赵晔除《吴越春秋》外,还撰有《韩诗谱》二卷,《诗细历神渊》一卷,《诗道微》十一卷。东汉著名文学家蔡邕到会稽,看过《诗细历神渊》后,大为赞赏,认为其水平高于王充的《论衡》①。可惜以上三书均已亡佚,只有《吴越春秋》传了下来。

现在传世的《吴越春秋》共十卷,前五卷记载吴国自太伯至夫差之事,称内传;后五卷记载越国自无余以至勾践之事,称外传。书中记事采用纪传体,依吴、越两国诸王各自为传,传中以年系事。从形式方面看,编排系统明确,叙次分明。但是其内容,多以《史记》、《国语》、《左传》三书为据,属于"抄撮古史的著作",史料价值并不很高。此外,《吴越春秋》中还夹杂了许多民间传说、神异故事。因为吴越争霸是春秋末年的重大历史事件,它改变了整个中原的形势,故有关吴、越两国的故事,史家乐于

---

① 见《后汉书·儒林传》。

称道,在民间也广泛流传。流传的过程,同时也是重塑的过程,许多传说故事、想象之辞被附会到吴越历史里。于是伍子胥不仅是兵家、谋臣,而且上识"天气之数",下善"因地制宜",还能"相土尝水,象天法地",以神机妙算战胜敌人(《阖闾内传》)。范蠡在越国,卜日占时,"承天门制城,合气于后土",辅佐越王谋取霸王之位(《勾践归国外传》)。公孙胜"多见博观,知鬼神之情状",夫差因为不相信他的卜梦之谏,以至于败亡(《夫差内传》)。其它如干将、莫邪铸剑,吴人作钩,越女论剑,陈音论弩,也多神异、怪诞之谈,近似小说家言。

《吴越春秋》过去一直被列入杂史类,清代修《四库全书》,认为此书"近小说家言,自是汉晋稗官杂记之体",才归入小说类。鲁迅《中国小说史略》虽未将此书正式划归小说类,但已说它"本史实"而"含异闻",属于"小说之志怪类中又杂入本非依托之史"。我们认为,《吴越春秋》的性质介于史书与小说之间,它既讲述古史,又附会民间传说,有点类似于后世的历史演义,或者可以称作历史演义小说。

我们说《吴越春秋》是一部历史演义小说,并不表明它在史料价值上一无足取。《吴越春秋》在记事方面仍有其独到之处，它补充了正史的一些遗漏。赵晔是越地人，后汉又去古未远，有关吴越相争的文献材料、口头传说当了解得比较多，因而书中记事较《史记》、《国语》等书要丰富。如《阖闾内传》载伯嚭自楚入吴，是伍子胥介绍的，这在当时的情势下，非常可能，但其它各书都没有记载。再如孙武担任吴国将领，率兵讨伐楚国之事，《吴越春秋》有非常详细的描述，而《史记》等书的记载都很简略。

《吴越春秋》作为古史与民间传说混杂的历史演义小说，比较偏重于人物的塑造和故事情节的描述，而不太注意史料的真实与准确，加之叙事过分蔓延，致使纰缪层见迭出。如书中记楚灵王三次伐吴、越国灭吴等历史事件的年代，都与《史记》、《左传》的记载无法吻合，不知依据何在。另外，许多地名不见史书记载，而且无法弄清楚相当于现在的什么地方。有些历史人物，关系颠倒。如楚国大夫郤宛是太宰伯州犁的儿子，但本书《阖闾内传》却说："白（伯）州犁，楚之左尹，号曰郤（郤）宛。"竟把父子混为一人。又如阖闾与夫差的关系，吴王僚与吴公子盖馀、烛傭的关系,也前后矛盾。至于在引用古书时,字句解释方面的错误也屡见不鲜。如《国语·越语上》说:"(今寡人)将帅二三子夫妇以蕃,命壮者无娶老妇,令老者无娶壮妻。""蕃"当作"蕃息"解。但是本书《勾践伐吴外传》引用此文,却讹为"将率二三子夫妇以为藩辅",把"蕃息"或"蕃殖"之"蕃",误解为"藩辅"之"藩"。正因为《吴越春秋》存在诸多错讹,陈中凡先生遂推断不可能出自治《韩诗》达二十年之久的赵晔之手①,虽非定论,可备一说。

《吴越春秋》虽存在许多史实错讹。但从文学的角度看,《吴越春秋》无论是刻划人物,描述情节,还是渲染气氛,铺排场面,都不乏精彩之笔。其行文骈散间出,杂以诗歌谣谚,语言相当丰富。《四库总目提要》认为它"稍伤曼衍,而词颇丰蔚",评价较为公允。《吴越春秋》总共塑造了近百个历史人物,有许多人物刻划得很有力度,很有生气,其中尤以伍子胥的形象最为突出。伍子胥是先秦时代一个

---

① 陈中凡:《论〈吴越春秋〉为汉晋间说部及其在艺术上的成就》,载于《文学遗产增刊》第七辑。

传奇式的人物,其壮烈的复仇故事,《左传》《国语》都有记载,但只是一个大概的轮廓。《史记》最早为伍子胥立传,称赞他"弃小义,雪大耻,名垂于后世",是一位"烈丈夫"。《吴越春秋》以《左传》、《国语》、《史记》的记载为基础,又综合了秦汉以来的民间传说,使得伍子胥故事的内容更为丰富,伍子胥的形象更为完整。书中的伍子胥,不为封建道德所羁绊,毅然离开自己出生的楚国,饱尝艰辛困苦,为父兄复仇;又不计个人厉害,忠言直谏,以报效替他复仇的吴国,虽至杀身在所不辞。为了家族与民族的恩怨与荣誉,不惜贡献自己的生命,这样的英雄形象,在当时是有一定的时代意义的。至于说伍子胥将个人恩怨置于国家利益之上,那是历史人物时代的局限,我们无须对书的作者求全责备。伍子胥在封建社会是深受崇拜的人物,许多地方有祭祀他的庙宇,他的故事在民间广为流传,《吴越春秋》的塑造应该说是起了一定作用的。

《吴越春秋》用文学化的语言描述历史故事,特别注重情节的安排,场景的铺陈,而且时常夹杂一些传说故事,使得内容生动、形象,很容易为普通百姓所接受。书中描述的许多故事,如伍子胥的故事，勾践的故事，范蠡的故事，干将、莫邪的故事，等等，都在民间广泛流传至今。《吴越春秋》在古代还被改编成其他一些文学形式。唐代俗讲中，有《伍子胥变文》四卷，即是将本书上卷改编为讲唱文学。宋元话本有《吴越春秋连像平话》，是根据本书改编的说话人的底本。明代梁辰鱼的《浣纱记》，是根据本书改编的传奇剧。由此可见，《吴越春秋》对后世文学的发展产生了一定的影响。后世各代艺人以《吴越春秋》为祖本，用各种文艺形式把它表现在讲坛或舞台上，使古代民族典型人物永远保存在后世人民的记忆中。

《吴越春秋》虽然是一部历史演义小说，但它的主题思想也具有广泛而深刻的历史意义。春秋时代是中国古代社会的转型期，周王朝土崩瓦解，诸侯各国凭借军事实力相互吞并，弱肉强食。楚国是统治长江中下游地区的强国，它不断向外扩张，欺凌周围的弱小国家。由于长年穷兵黩武，导致国内矛盾激烈，统治集团内部发生分裂。楚平王时（前528—前515），伍子胥、伯嚭相继出亡，利用敌国的力量击溃了楚国腐朽政权。吴国是长江下游新兴的国家，吴王阖闾统治时期，政治开明，经济有所发展,军事实力增强。阖闾在伍子胥、伯嚭、孙武等人辅佐下,一举击败了强大的楚国。但是阖闾的继任者夫差,刚愎自用,对外穷兵黩武,四处征讨,致使士兵疲惫,诸侯怨恨;对内杀掉了忠言直谏的伍子胥、公孙胜,放松了对越国的警惕,最后落得个国破身亡的下场。越国在公元前五世纪末期是一个受吴人欺凌的国家。越王勾践卧薪尝胆,励精图志,发动广大民众为维护国家的尊严而战斗,最后消灭了吴国,取得了吴越战争的胜利。通过楚、吴、越三国的盛衰败亡,揭示了一条历史的规律:对外扩张侵略,必定导致内部矛盾激化,最后走上失败;而为捍卫国家尊严进行的防御战争,必定会得到国民的拥护,取得最后的胜利。

我们在前边已经讲到,《吴越春秋》是古史与民间传说的混合物,它记载了许多占验之术和神怪之谈。如全书有多处伍子胥、范蠡卜日占时、预测吉凶的内容。《夫差内传》记夫差做了一个非常奇怪的梦,而且梦中的事后来都得到了验证。另记越军伐吴,伍子胥显形以阻越兵,后又托梦于范蠡、文种,示以进军之路。《勾践阴谋外传》载勾践访问剑戟之术,越处女将北见王,道逢袁公,化为白猿。凡此种种荒诞离奇的内容,反映了当时人们的思想认识,同时也是汉代迷信风尚的一种体现。

《吴越春秋》,《隋书·经籍志》、《唐书·经籍志》、《郡斋读书志》都作十二卷,《宋史·艺文志》、《四库全书》则作十卷。元徐天祜注《吴越春秋》,认为今本"殆非全书"。因为《史记》注有徐广所引《吴越春秋》里的话,而《索隐》认为今本里没有这些话。另外,《文选》注引季子遗金事,《吴地记》载阖闾时夷亭事,以及《水经注》所载数条越国史事,估计都引自《吴越春秋》,可是今本里都没有。《隋书·经籍志》、《旧唐书·经籍志》还录有晋杨方撰《吴越春秋削繁》五卷(《晋书·杨方传》以为杨方"更撰《吴越春秋》"),皇甫遵撰《吴越春秋传》(隋志作《吴越春秋》)十卷,《宋史·艺文志》则只录有皇甫遵注《吴越春秋》十卷,不录杨书。徐天祜引邯郸李氏《图书十志目》云:"杨方尝刊削晔所为书,至皇甫遵遂合二家考正,为之传注。"而《史记》注等所引《吴越春秋》佚文,可能是"杨方所已刊削而皇甫遵所未考正者"。明代钱福则推测,《吴越春秋》佚去的两卷内容可能是"西施入吴"和"范蠡去越"。杨方、皇甫遵二人的本子,今都已不存。

《吴越春秋》现存最早的刊本,是元大德十年刊本。明刊本有弘治十四年邝璠刊本、万历十四年冯念祖刊本,都是据大德本翻刻而成。清代及近代的多种刊本,则是据大德本或明本翻刻而成,其中《汉魏丛书》本将原书十卷合为六卷,削去了序及音注。元大德本有徐天祜的序和音注,明弘治本书末还有"徐氏补注"一页。徐天祜的音注主要有三方面内容:一是和《左传》、《史记》相比照,考订异同;二是刊正疑讹;三是注释。徐注纠正了原书的许多失实及疑讹之处,解决了一些疑难问题,便利阅读。《四库总目提要》称其"旁核众说,不徇本书,犹有刘孝标注《世说新语》之遗意焉"。

本书选取《王僚使公子光传》、《阖闾内传》、《夫差内传》、《勾践入臣外传》、《勾践阴谋外传》、《勾践伐吴外传》六篇,加以译注。原文基本依据苗麓先生的校点本(江苏古籍出版社1986年1月版),部分地方根据近人的校勘成果及自己的观点,作了一些校正,并在注解中作了说明。《吴越春秋》在长期流传过程中,多有脱讹,而且缺乏系统整理,因此许多地方"文义犹有滞碍不可训知"。笔者在译注过程中,尽量采用直译方式,个别地方因有脱讹,直译文意难以连贯,则采用意译方式。由于笔者水平有限,书中必定存在许多错讹之处,恳请读者批评指正。

郁默(北京大学中国古文献中心)

王僚使公子光传①

本篇主要是叙述伍子胥的家世,弃楚奔吴的缘起、经过,以及他协助公子光谋取王位的事迹。

伍子胥在民间是一个传奇性的人物,他的事迹广为流传,可谓家喻户晓,但也颇多附会之辞。本篇内容与《史记》、《左传》的记载基本相符,但渔父沉江、浣女投水等处则显然是采自民间传说。专诸刺杀吴王僚的故事,《史记》"刺客列传"也有记载。这是一次流血的宫廷政变,公

---

① 本篇是取正文首句作为篇题,与其它各卷题"某某传"不同。

子光在伍子胥、专诸的协助下登上了王位,他就是历史上有名的吴王阖闾。

二年,王僚使公子光伐楚,以报前来诛庆封也①。吴师败而亡舟②,光惧,因舍③,复得王舟而还。光欲谋杀王僚,未有所与合议,阴求贤,乃命善相者为吴市吏④。

五年,楚之亡臣伍子胥来奔吴。伍子胥者,楚人也,名员。员父奢,兄尚。其前名曰伍举⑤,以直谏事楚庄王。王即位三年,不听国政,沉湎于酒,淫于声色,左手拥秦姬,右手抱越女,身坐钟鼓之间而令曰⑥:"有敢谏者,死!"于是伍举进谏曰:"有一大鸟,集楚国之庭,三年不飞亦不鸣,此何鸟也?"于是庄王曰:"此鸟不飞,飞则冲天。不鸣,鸣则惊人。"伍举曰:"不飞不鸣,将为射者所图。弦矢卒发⑦,岂得冲天而惊人乎?"于是庄王弃其

---

①"以报"句:指公元前536年,楚国汇合各诸侯国讨伐吴国,诛杀齐国亡臣庆封之事。 ② 舟:即下文"王舟"(大船),吴国最大最华丽的战船,名叫"艅艎"。 ③ 因舍:句意不通。当从《史记·吴太伯世家》作"袭楚"。 ④ 善相者:善于相面的人。市吏:集市的官吏。 ⑤ 前:指伍子胥的前辈,即伍子胥祖父。 ⑥ 钟鼓:指编钟排鼓之类乐器。 ⑦ 弦(xián 贤)矢:弓箭。卒:突然。

秦姬、越女，罢钟鼓之乐，用孙叔敖①，任以国政，遂霸天下，威伏诸侯。

庄王卒，灵王立。建章华之台，与登焉。王曰："台美！"伍举曰："臣闻国君服宠以为美②，安民以为乐，克听以为聪，致远以为明。不闻以土木之崇高、蛊镂之刻画③、金石之清音、丝竹之凄唳，以之为美。前庄王为抱居之台④，高不过望国氛⑤，大不过容宴豆⑥。木不妨守备，用不烦官府，民不败时务，官不易朝常。今君为此台七年，国人怨焉，财用尽焉，年谷败焉，百姓烦焉，诸侯忿怨，卿士讪谤，岂前王之所盛，人君之美者耶？臣诚愚，不知所谓也。"灵王即除工去饰，不游于台。由是，伍氏三世为楚忠臣。

楚平王有太子名建，平王以伍奢为太子太傅，费无忌为少傅。平王使无忌为太子娶于秦。秦女美容，无忌报平王曰："秦女天下无双，王可自取。"王遂纳秦女为夫人，而幸爱之，生子珍。而更为太子娶齐女。无忌因去太子而事平王。深念平王一旦卒而太子立，当害己也，

---

① 孙叔敖：春秋时楚国令尹，辅助楚庄王成就霸业。　② 服宠：等于说受禄，指帝王以德受天之禄。　③ 蛊(gǔ古)：《国语》作"彤"。　④ 抱：也作"鲍"。　⑤ 望国氛：古代观望天象以察气数，称望气，即望氛。望国氛，观望天象以察国家气运吉凶。　⑥ 宴豆：古代宴会时盛食品的器具。

乃复逸太子建。建母蔡氏无宠，乃使太子守城父①，备边兵。顷之，无忌日夜言太子之短，曰："太子以秦女之故，不能无怨望之心，愿王自备。太子居城父，将兵，外交诸侯，将入为乱。"平王乃召伍奢而按问之。奢知无忌之逸，因谏之曰："王独奈何以逸贼小臣而疏骨肉乎？"无忌承宴，复言曰："王今不制，其事成矣，王且见擒。"平王大怒，因囚伍奢，而使城父司马奋扬往杀太子。奋扬使人前告太子："急去！不然将诛。"三月，太子奔宋。

无忌复言平王曰："伍奢有二子，皆贤，不诛，且为楚忧，可以其父为质而召之。"王使使谓奢曰②："能致二子则生，不然则死。"伍奢曰："臣有二子，长曰尚，少曰胥。尚为人慈温仁信，若闻臣召，辄来。胥为人少好于文，长习于武，文治邦国，武定天下。执纲守戾③，蒙垢受耻，虽冤不争，能成大事。此前知之士④，安可致耶？"

平王谓伍奢之誉二子⑤，即遣使者驾驷马，封函印绶⑥，往诈召子尚、子胥。令曰⑦："贺二子，父奢以忠信慈仁，去难就免。平王内惭囚系忠臣，外愧诸侯之耻，反遇奢为国相⑧，封二子为侯。尚赐鸿都侯，胥赐盖侯，相

---

① 城父：春秋时楚地，故址在今河南襄城西。 ② 使使：派遣使臣。前"使"为动词，后"使"为名词。 ③ 执纲：坚持国家纲纪。守戾：防守违纪不法。 ④ 前知：预见。 ⑤ 谓：认为。 ⑥ 印绶：官印和绶带。 ⑦ 令：平王的制令。 ⑧ 遇：知遇。

去不远三百余里。奢久囚系,忧思二子,故遣臣来奉进印绶。"尚曰:"父系三年,中心切怛,食不甘味,尝苦饥渴,昼夜感思,忧父不活,惟父获免,何敢贪印绶哉?"使者曰:"父囚三年,王今幸赦,无以赏赐,封二子为侯,一言当至,何以陈哉?"

尚乃入报子胥曰:"父幸免死,二子为侯,使者在门,兼封印绶,汝可见使。"子胥曰:"尚且安坐,为兄卦之。今日甲子,时加于巳,支伤日下,气不相受①,君欺其臣,父欺其子,今往方死,何侯之有?"尚曰:"岂贪于侯,思见父耳!一面而别,虽死而生。"子胥曰:"尚且无往,父当我活。楚畏我勇,势不敢杀。兄若误往,必死不脱。"尚曰:"父子之爱,恩从中出,侥幸相见,以自济达。"于是子胥叹曰:"与父俱诛,何明于世?冤仇不除,耻辱日大。尚从是往,我从是决。"尚泣曰:"吾之生也,为世所笑,终

---

① "今日"以下四句:这是按使者传达制令的日期时辰来算卦的。甲子,按干支纪日,恰是甲子一周开始的日子,阳气最盛。时,时辰。加于巳,巳时之前当是辰时,上午七时至九时之间,正是月亮沉没之后。支,通"枝"。《广雅·释天》:"寅卯为枝。枝,月之灵也。"即指月亮的魂魄。日下,指辰时正是太阳升高的时候。气,气数。这四句大意是说:按日期时辰分析,恰是阳盛阴衰,日升月没,对臣子来说,是最不可接受的气数。

老地上,而亦何之! 不能报仇,毕为废物。汝怀文武,勇于策谋,父兄之仇,汝可复也。吾如得返,是天祐之。其遂沉埋,亦吾所喜。"胥曰:"尚且行矣,吾去不顾。勿使临难,虽悔何追!"旋泣辞行,与使俱往。

楚得子尚,执而囚之。复遣追捕子胥。胥乃贯弓执矢去楚。楚追之,见其妻,曰:"胥亡矣,去三百里。"使者追及无人之野,胥乃张弓布矢欲害使者,使者俯伏而走。胥曰:"报汝平王,欲国不灭,释吾父兄。若不尔者,楚为墟矣。"使返报平王,王闻之,即发大军追子胥。至江,失其所在,不获而返。子胥行至大江,仰天行哭林泽之中,言:"楚王无道,杀吾父兄,愿吾因于诸侯以报仇矣!"闻太子建在宋,胥欲往之。伍奢初闻子胥之亡,曰:"楚之君臣且苦兵矣!"尚至楚就父,俱戮于市。

伍员奔宋,道遇申包胥①,谓曰:"楚王杀吾父兄,为之奈何?"申包胥曰:"于乎②! 吾欲教子报楚,则为不忠。教子不报,则为无亲友也。子其行矣,吾不容言③。"子胥曰:"吾闻父母之仇,不与戴天履地;兄弟之仇,不与同域接壤;朋友之仇,不与邻乡共里。今吾将复楚辜,以雪父

---

① 申包胥:楚国王孙,食邑于申,所以以申为姓。任楚国大夫。包,也作"鲍"。 ② 于乎:通"呜乎",唉叹声。 ③ 容言:没有说话余地。

兄之耻。"申包胥曰："子能亡之,吾能存之。子能危之,吾能安之。"胥遂奔宋。

宋元公无信于国①,国人恶之。大夫华氏谋杀元公,国人与华氏②,因作大乱。子胥乃与太子建俱奔郑,郑人甚礼之。太子建又适晋。晋顷公曰："太子既在郑,郑信太子矣。太子能为内应而灭郑,即以郑封太子。"太子还郑,事未成,会欲私其从者③,从者知其谋,乃告之于郑。郑定公与子产诛杀太子建④。建有子名胜,伍员与胜奔吴。到昭关⑤,关吏欲执之。伍员因诈曰："上所以索我者,美珠也。今我已亡矣,将去取之。"关吏因舍之。与胜行去,追者在后,几不得脱。

至江,江中有渔父乘船从下方溯水而上。子胥呼之,谓曰："渔父渡我!"如是者再。渔父欲渡之,适会旁有人窥之,因而歌曰："日月昭昭乎侵已驰⑥,与子期乎芦之漪⑦。"子胥即止芦之漪。渔父又歌曰："日已夕兮予心忧悲,月已驰兮何不渡为?事寖急兮当奈何⑧?"子胥入船,渔父知其意也,乃渡之千浔之津⑨。子胥既渡,渔父

---

① 宋元公:宋国诸侯。 ② 与:赞成,支持。 ③ 私:私通。 ④ 子产:名侨,字子产,春秋时为郑国卿。 ⑤ 昭关:春秋时吴楚交界处的一个关口,地在今安徽含山县北。 ⑥ 侵:同"浸",渐渐地。 ⑦ 漪(yī衣):岸边。 ⑧ 寖(qìn侵):同"浸"。 ⑨ 千浔(xún寻):水边深处。津:渡口。

乃视之，有其饥色，乃谓曰："子俟我此树下，为子取饷①。"渔父去后，子胥疑之，乃潜身于深苇之中。有顷，父来，持麦饭、鲍鱼羹、盎浆②。求之树下，不见，因歌而呼之曰："芦中人，芦中人，岂非穷士乎？"如是至再，子胥乃出芦中而应。渔父曰："吾见子有饥色，为子取饷，子何嫌哉？"子胥曰："性命属天，今属丈人，岂敢有嫌哉？"二人饮食毕，欲去，胥乃解百金之剑以与渔者："此吾前君之剑③，中有七星，价直百金④，以此相答。"渔父曰："吾闻楚之法令：得伍胥者，赐粟五万石，爵执圭⑤。岂图取百金之剑乎？"遂辞不受，谓子胥曰："子急去，勿留，且为楚所得。"子胥曰："请丈人姓字。"渔父曰："今日凶凶，两贼相逢，吾所谓渡楚贼也。两贼相得，得形于默，何用姓字为⑥？子为芦中人，吾为渔丈人，富贵莫相忘也。"子胥曰："诺。"既去，诫渔父曰："掩子之盎浆，无令其露。"渔父诺。子胥行数步，顾视渔者，已覆船自沉于江水之中矣。子胥默然。

遂行至吴，疾于中道，乞食溧阳⑦。适会女子击绵于

① 饷：以食物款待。 ② 盎（àng 昂去声）：古代一种腹大口小的盆。 ③ 前君：先主，指楚庄王。 ④ 直：通"值"。 ⑤ 圭：古代贵族朝聘或祭祀时所执的玉器。 ⑥ 何用……为：用……干什么。 ⑦ 溧阳：故址在今江苏省溧阳。

濑水之上，筥中有饭①。子胥遇之，谓曰："夫人，可得一餐乎？"女子曰："妾独与母居，三十未嫁，饭不可得。"子胥曰："夫人赈穷途少饭，亦何嫌哉？"女子知非恒人，遂许之。发其箪筥，饭其盎浆，长跪而与之。子胥再餐而止②。女子曰："君有远逝之行，何不饱而餐之？"子胥已餐而去，又谓女子曰："掩夫人之壶浆，无令其露。"女子叹曰："嗟乎！妾独与母居三十年，自守贞明，不愿从适，何宜馈饭而与丈夫，越亏礼仪，妾不忍也。子行矣。"子胥行，反顾女子，已自投于濑水矣。于乎！贞明执操，其丈夫女哉！

子胥之吴，乃被发佯狂，跣足涂面，行乞于市。市人观，罔有识者。翌日，吴市吏善相者见之，曰："吾之相人多矣，未尝见斯人也。非异国之亡臣乎？"乃白吴王僚，具陈其状："王宜召之。"王僚曰："与之俱入。"公子光闻之，私喜曰："吾闻楚杀忠臣伍奢，其子子胥，勇而且智，彼必复父之仇，来入于吴。"阴欲养之。市吏于是与子胥俱入见王，王僚怪其状伟：身长一丈，腰十围，眉间一尺。王僚与语三日，辞无复者。王曰："贤人也。"子胥知王好

---

① 筥(jǔ举)：即下文"箪筥"，圆形竹筐，古代用来盛饭食。 ② 再餐而止：想再吃一点，却不吃了，并未吃饱。

之,每入语语①,遂有勇壮之气,稍道其仇,而有切切之色②。王僚知之,欲为兴师复仇。公子谋杀王僚,恐子胥前亲于王而害其谋,因逸:"伍胥之谏伐楚者,非为吴也,但欲自复私仇耳,王无用之。"子胥知公子光欲害王僚,乃曰:"彼光有内志③,未可说以外事④。"入见王僚,曰:"臣闻诸侯不为匹夫兴师用兵于比国⑤。"王僚曰:"何以言之?"子胥曰:"诸侯专为政,非以意,救急后兴师。今大王践国制威⑥,为匹夫兴兵,其义非也。臣固不敢如王之命。"吴王乃止。

子胥退耕于野,求勇士荐之公子光,欲以自媚,乃得勇士专诸。专诸者,堂邑人也⑦,伍胥之亡楚如吴时,遇之于途。专诸方与人斗,将就敌,其怒有万人之气,甚不可当,其妻一呼即还。子胥怪而问其状:"何夫子之怒盛也,闻一女子之声而折道,宁有说乎?"专诸曰:"子视吾之仪,宁类愚者也?何言之鄙也?夫屈一人之下,必伸万人之上。"子胥因相其貌,碓颡而深目⑧,虎膺而熊背,

---

① 语语(yù预):谈话辩论。 ② 切切:切齿痛恨的样子。 ③ 内志:国内事的思谋,指阴谋杀害吴王。 ④ 外事:与别国战争,指借吴国军队攻打楚国。 ⑤ 匹夫:平民百姓。比国:邻国,指楚国。 ⑥ 践国:即登临国君之位。制威:法制威严。 ⑦ 堂邑:春秋时吴国地名,在今江苏省六合北。 ⑧ 碓颡:指高额头,眉额突出如碓。

戾于从难①，知其勇士，阴而结之，欲以为用。遭公子光之有谋也，而进之公子光。

　　光既得专诸而礼待之。公子光曰："天以夫子辅孤之失根也。"专诸曰："前王馀眛卒，僚立，自其分也，公子何因而欲害之乎？"光曰："前君寿梦有子四人，长曰诸樊，则光之父也。次曰馀祭，次曰馀眛，次曰季札。札之贤也，将卒，传付适长②，以及季札③。念季札为使，亡在诸侯未还④。馀眛卒，国空，有立者，适长也⑤。适长之后，即光之身也。今僚何以当代立乎？吾力弱，无助于掌事之间，非用有力徒，能安吾志？吾虽代立，季子东还，不吾废也。"专诸曰："何不使近臣从容言于王侧，陈前王之命，以讽其意，令知国之所归？何须私备剑士，以捐先王之德？"光曰："僚素贪而恃力，知进之利，不睹退让。吾故求同忧之士，欲与之并力，惟夫子诠斯义也⑥。"

―――――

　　① 戾：乖张，倔强。　② 适（dí敌）：通"嫡"。　③ 以及季札：以长次顺序传到季札。　④ "念季札"二句：是说馀眛死后，应传位给季札，但季札当时出使到鲁国，归途中听说吴国要立他为君，为了退让，他就逃亡了。诸侯，指他国。　⑤ 有立者，适长也：立国君的嫡长子为国君。僚是在位国君馀眛的嫡长子，便以此为根据即位。而光认为国君应由嫡长子诸樊的嫡长子继承。　⑥ 诠：理解。

专诸曰:"君言甚露乎①,于公子何意也?"光曰:"不也。此社稷之言也,小人不能奉行,惟委命矣。"专诸曰:"愿公子命之。"公子光曰:"时未可也。"专诸曰:"凡欲杀人君,必前求其所好。吴王何好?"光曰:"好味。"专诸曰:"何味所甘?"光曰:"好嗜鱼之炙也。"专诸乃去,从太湖学炙鱼,三月得其味,安坐待公子命之。

八年,僚遣公子伐楚,大败楚师,因迎故太子建母于郑。郑君送建母珠玉簪珥,欲以解杀建之过。

九年,吴使光伐楚,拔居巢、钟离②。吴所以相攻者,初,楚之边邑胛梁之女③,与吴边邑处女蚕,争界上之桑。二家相攻,吴国不胜,遂更相伐,灭吴之边邑。吴怒,故伐楚,取二邑而去。

十二年冬,楚平王卒。伍子胥谓白公胜曰④:"平王卒,吾志不悉矣。然楚国在,吾何忧矣?"白公默然不对。伍子胥坐泣于室⑤。

---

① 君:指称王僚。露:明显,不掩饰。 ② 居巢:春秋时吴、楚交争之地,在今安徽省六安东北,一说在今居巢东北。钟离:春秋时楚邑,在今安徽省凤阳东北。 ③ 胛梁:《史记》作"卑梁",春秋时吴楚交界处城邑。 ④ 白公胜:春秋楚平王太子建之子,即上文与伍子胥同奔吴者。名胜,又称王孙胜。封于白,故以白为姓。 ⑤ 坐:因楚平王卒事。

十三年，春，吴欲因楚葬而伐之①。使公子盖馀、烛庸以兵围楚，使季札于晋以观诸侯之变②。楚发兵绝吴后，吴兵不得还。于是公子光心动③。伍胥知光之见机也，乃说光曰："今吴王伐楚，二弟将兵，未知吉凶。专诸之事，于斯急矣。时不再来，不可失也。"于是公子见专诸曰④："今二弟伐楚，季子未还。当此之时，不求何获？时不可失，且光真王嗣也⑤。"专诸曰："僚可杀也。母老，子弱，弟伐楚，楚绝其后，方今吴外困于楚，内无骨鲠之臣⑥，是无如我何也。"

四月，公子光伏甲士于窟室中⑦，具酒而请王僚。僚白其母曰："公子光为我具酒来请，期无变，悉乎？"母曰："光心气怏怏，常有愧恨之色，不可不慎。"王僚乃被棠铁之甲三重⑧，使兵卫陈于道，自宫门至于光家之门。阶席左右皆王僚之亲戚，使坐立侍皆操长戟交軹⑨。酒酣，公子光佯为足疾，入窟室裹足，使专诸置鱼肠剑炙鱼中进

---

① 楚葬：《左传》、《史记·吴太伯世家》作"楚丧"，指楚平王丧葬之事。　② 变：反应，指对吴伐楚的态度有什么变化。　③ 心动：阴谋之心活动。　④ 见：使之见，召见。　⑤ 真王嗣：指上文所说光是寿梦嫡长子诸樊的嫡长子，真正的王位继承人。　⑥ 骨鲠：比喻耿直。也作"骨骾"、"骨梗"。　⑦ 窟室：同"窟"，地下室。《左传》作"堀室"。　⑧ 棠铁：甲名。也作"棠夷"、"唐夷"。　⑨ 交軹(zhǐ只)：言戟枝相交，"軹"通"枝"。

之。既至王僚前，专诸乃擘炙鱼，因推匕首。立戟交轵倚专诸胸，胸断臆开，匕首如故，以刺王僚，贯甲达背。王僚既死，左右共杀专诸。众士扰动，公子光伏其甲士①，以攻僚众，尽灭之。遂自立，是为吴王阖闾也。乃封专诸之子，拜为客卿。

季札使还，至吴，阖闾以位让。季札曰："苟前君无废②，社稷以奉君也。吾谁怨乎？哀死侍生，以俟天命。非我所乱，立者从之，是前人之道。"命哭僚墓③，复位而待。公子盖馀、烛庸二人将兵遇围于楚者，闻公子光杀王僚自立，乃以兵降楚，楚封之于舒④。

【翻译】

吴王僚二年，吴王僚派公子光攻打楚国，以报从前楚国会合诸侯讨伐吴国、诛杀庆封之仇。吴军吃了败仗，而且失掉了吴国著名的战船。公子光害怕吴王怪罪，就偷袭楚军，重获那条战船才回师。公子光想谋杀吴王僚，但还没有可以共同计议的人，于是暗中寻求贤士，并任命一位擅长相面的人为吴都集市的官吏。

---

① 伏其甲士：《史记》作"出其甲士"，译文姑从。② 据《史记·吴太伯世家》等书，"废"下脱"祀"字，当从。③ 据《史记·吴太伯世家》等书，"命"前当有"复"字。④ 舒：春秋时舒国，为楚所灭，地在今安徽省庐江县西南。

吴王僚五年，楚国逃亡的大臣伍子胥来投奔吴国。伍子胥是楚国人，名叫员。他的父亲叫伍奢，哥哥叫伍尚。他的祖父叫伍举，以敢于直谏为楚庄王任事。楚庄王即位三年，不处理国家政事，成天沉湎于酒，纵情音乐、女色。他左手抱秦国歌姬，右手抱越国美女，自己坐在编钟排鼓之间，并且下令说："有敢进谏的，处死！"在这种情况下，伍举进谏说："有一只大鸟，栖止在楚国的殿堂上，三年不飞也不叫，请问这是什么鸟？"楚庄王说："这鸟不飞，一飞就冲天；不鸣，一鸣就惊人。"伍举说："不飞不叫，将要被射猎者图谋猎取，等到箭突然射来，难道能冲天而惊人吗？"庄王于是丢开他的秦国歌姬、越国美女，停止了钟鼓的音乐，任用孙叔敖，委以国政，结果称霸天下，威镇各诸侯国。

楚庄王去世后，灵王即位。灵王营建了章华台，他与伍举登上台。灵王说："这台真美！"伍举说："我听说国君以享受上天的福禄为美，以安定民心为乐，以能听劝谏为耳聪，以能招来远方贤士为目明。不曾听说把建筑的高峻，繁缛的镂刻雕画，金石乐器发出的清音，丝竹乐器发出的凄唳，当作美的。先前庄王建造的抱居台，高不过能望国家的吉凶气运，大不过摆得下宴席。所用木材不妨害国家的守备，费用不烦扰官府，百姓不损误四时活计，官吏不更改日常上朝。而现在大王建造章华台,历时七年,国民厌烦了,国家财力耗尽了,卿士大夫讥笑诽谤,这哪是先大王所兴盛,一国之君所称美的啊?我实在愚笨,不知所谓美是什么。"灵王当即解雇了工匠,去掉了台上的装饰,不再去台上游玩。从此,伍家三代都是楚国忠臣。

楚平王的太子名叫建。平王任命伍奢为太子太傅,费无忌为少傅。平王派费无忌到秦国为太子娶亲,要娶的秦女容貌秀美,费无忌报告平王说:"秦女天下无双,大王可以自娶。"于是平王把秦女纳为自己的夫人,而且宠爱她,生了一个男孩,取名珍。平王给太子建另娶了一个齐国女子。费无忌就此离开太子,而服侍平王。他考虑到一旦平王去世,而太子即位,当会加害自己,于是就谗毁太子建。建的母亲蔡氏不受宠爱,平王也就派太子建到城父,戍守边疆。不久,费无忌又日夜在平王面前说太子的坏话,他对平王说:"太子因为秦女的缘故,心里不可能没有怨恨,希望大王有所提防。太子驻守城父,统领军队,勾结别国诸侯,将要回国都发动叛乱。"平王于是召见伍奢,责问此事。伍奢知道是费无忌进的谗言,就劝谏平王说:"大王怎么只听信贼子小臣的谗言,而疏远自己的亲骨肉呢?"费无忌借参加宴会之机,又对平王说:"大王现在如不加制裁,太子建大事将成,您将要被俘虏了。"平王非常愤怒,就把伍奢拘禁起来,派城父司马奋扬去杀掉太子。奋扬事先派人告诉太子:"快点逃走,不然就会被杀死。"三月,太子建逃到了宋国。

费无忌又对平王说:"伍奢有两个儿子,都很贤明,如不杀掉他们,就会成为楚国的祸患。可以用他们的父亲作人质,把他们召来。"平王派人对伍奢说:"你能把两个儿子召来就可以活命,不然就死。"伍奢说:"我有两个儿子,大的叫伍尚,小的叫伍胥。伍尚为人慈爱温厚,仁义守信,如果听说我召他,马上就会来。伍胥为人,小时好文,长大后习武,文能够治理国家,武可以平定天下。他坚持纲纪,防守不法,为此宁愿蒙垢受辱,即便被冤枉也不抗争,故能成就大事。这是有预见的士人,怎么可能把他召来呢?"

楚平王认为伍奢这是有意抬高他两个儿子,就派使者驾着四马大车,带着封装的官印、绶带,去把子尚、子胥骗来。使者宣告制令说:"祝贺二位,你们的父亲伍奢因为忠诚守信,慈爱仁义,消除灾难,得到赦免。平王对内为囚禁忠臣而悔疚,对外为被诸侯耻笑而羞愧,因此反而知遇伍奢,任命他为国相,封二位为侯。伍尚赐为鸿都侯,伍胥赐为盖侯,你们相距不过三百多里远。伍奢长期被囚禁,挂念你们,所以派我来送上印绶。"伍尚说:"父亲被囚禁三年,我们忧心忡忡,饭吃不出滋味,尝受饥渴之苦,日夜思虑,担心父亲被处死。我们只希望父亲能获得赦免，哪敢贪图印绶呢？"使者说："你们父亲被囚禁三年，幸而大王现在赦免了他，没有什么用来赏赐，就封他的两个儿子为侯。大王的命令已下达，你们还有什么要陈诉的啊？"

伍尚于是进屋告诉伍子胥说："父亲侥幸免死，我们二人被封为侯，使者就在门外，带着加封的印绶，你可以见见使者。"伍子胥说："你还是先安心坐下，我为你卜一卦。今天是甲子日，时辰在巳时之前，月亮的灵魂在太阳之下受到伤害，这样的气数是不能接受制令的。这预示国君欺骗他的大臣，父亲欺骗他的儿子，现在去正好被处死，哪有什么封侯？"伍尚说："我哪里是贪图封侯，只是想见见父亲罢了！与父亲见一面再诀别，虽死犹生。"伍子胥说："你还是先不要去，父亲会因为我们而不被处死。楚王畏惧我们的勇猛，势必不敢杀害父亲。你如果错误地前往，必死不得脱身。"伍尚说："父子之爱，恩情发自内心，如能侥幸相见，那我内心就会坦然些。"听到这儿，伍子胥感叹道："我们如和父亲一起被处死，我们一家的冤屈怎么能大白于天下呢？冤仇不能昭雪，耻辱一天比一天大。你从此前去，我与你就此诀别。"伍尚哭着说："我活着也是被世人耻笑，即使最后老死在这块土地上，又能怎么样呢！不能报仇，毕竟是废物。你身怀文武之才，有勇有谋，父兄的冤仇，你是能够报的。

我如果能够活着回来，那是上天保佑；如果就此埋尸地下，也是我心甘情愿的。"伍子胥说："那你就去吧，我去无返顾。但愿灾难不会降临到你头上，否则后悔也来不及了。"随后，兄弟俩洒泪话别，伍尚与使者一起前往。

楚平王骗到伍尚后，立刻拘禁起来，又派人追捕伍子胥。伍子胥弯弓持箭，逃离楚国。楚平王派去追捕伍子胥的人，见到了伍子胥的妻子，她说："伍子胥逃走了，出去有三百里了。"使者追到无人的旷野，伍子胥开弓搭箭，要射死他们。使者吓得伏下身子就往回跑。伍子胥喊道："告诉你们平王，要想国家不亡，就放了我的父亲、哥哥。若不这样做，楚要变成废墟。"使者回去报告平王，平王听后，当即派大部队追捕伍子胥。追到江边，不知伍子胥藏在什么地方，只好空着手回去。伍子胥逃到大江边上，仰天痛哭着奔走在丛林沼泽之中，他扬言："楚王无道，杀害我的父亲、哥哥，但愿我能借助诸侯的力量以报此仇。"听说太子建在宋国，伍子胥就打算去投奔宋国。伍奢刚听到伍子胥逃走，就说："楚国君臣将要遭受战争之苦了！"伍尚来到楚都父亲身边，父子俩一起被杀死在集市。

伍子胥投奔宋国，途中遇到申包胥，对他说："楚王杀死我的父兄，对这事该怎么办？"申包胥说："唉！我要教你报仇，就是对楚王不忠；如果教你不去报仇，就成了没有亲友。你就走吧,我不能说什么。"伍子胥说:"我听说对父母的仇人,不能和他们头顶同一天空,脚踩同一土地;对兄弟的仇人,不能和他生活在同一地区及邻近地区;对朋友的仇人,不能和他居住在相邻的乡或同一个里巷。现在我要报复楚王犯下的罪孽,以洗刷父兄的耻辱。"申包胥说:"你能消灭楚国,我就能保住它;你能使它危险,我就能让它平安。"伍子胥于是投奔宋国。

宋元公在国内没有威信,国民都憎恨他。大夫华氏谋杀元公,国民支持华氏,宋国发生大规模叛乱。伍子胥于是和太子建一起投奔郑国,郑国人十分礼遇他们。太子建又到晋国访问,晋顷公说:"太子既然在郑国,郑国已信任太子了。太子如能做内应而消灭郑国,我就把郑国封给太子。"太子建回到郑国,事情还未成功,正好他想要拉拢他的侍从,侍从得知了他的阴谋,就报告了郑定公。郑定公便与子产杀死了太子建。建有个儿子叫胜,伍员与胜一起逃奔吴国。走到昭关,昭关的守吏想拘留他们。伍子胥撒谎说:"上边之所以到处抓我,是因为我有珍美的珠宝,现在我已经弄丢了,这就要去寻取它们。"关吏于是放了他们。伍子胥与胜赶紧离开,追兵在后,差一点不能脱身。

伍子胥逃到江边,江中正有位渔父驾船从下游逆水而上。伍子胥就招呼他,对他说:"渔父,把我渡过去!"

这样连续喊了两次。渔父正想把伍子胥渡过江，可碰巧有人窥视他们，于是渔父唱道："日月明亮啊渐渐已经驰去，我和您相约啊在芦苇岸边。"伍子胥听后就躲到芦苇岸边等。渔父又唱道："太阳已经落山啊我内心忧伤，月亮已经驰去啊为什么还不渡江？事情越来越紧急啊应该怎么办？"于是伍子胥上了船，渔父知道他的意思，就从一个极深的渡口把他们渡过江。伍子胥过江之后，渔父才端详他，发现他面有饥色，就对他说："你在这树下等我，我去给你拿些吃的。"渔父走后，伍子胥对他有些怀疑，就藏身到芦苇深处。不久，渔父回来了，端着麦子饭、鲍鱼羹，盆里装着汤。他来到树下找伍子胥，不见，就用歌声喊他道："芦苇中的人，芦苇中的人，你难道不是一个穷途之士吗？"这样喊了两次，伍子胥才从芦苇中出来答应。渔父说："我看到你面有饥色，为你拿些吃的，你为什么要怀疑啊？"伍子胥说："我的性命属于天，现在属于您老人家，哪里敢有疑心啊？"二人吃喝完毕，渔父要离去，伍子胥就解下一把价值百金的宝剑交给渔父，说："这是我先王的宝剑，上边有七颗星，价值百金，以此作为报答。"渔父说："我听说楚国有法令：抓获伍子胥的，赏粟五万石，赐执圭爵位。我难道还贪图一把价值百金的剑吗？"渔父就推辞不受，对伍子胥说："你赶快逃走，不要停留，否则将被楚国抓获。"伍子胥说："请问您老人家的姓氏名字。"渔父说："今天不吉利，两个叛贼碰到一起，我是把楚国的叛贼渡过了江。两个叛贼相投合，投合体现在缄默，哪用得着知道姓氏名字？你是芦中人，我是渔丈人，今后富贵了，不要忘记我。"伍子胥说："好吧。"已经离开，又返身告诫渔父说："掩埋好你的壶浆，不要让它露在外面。"渔父答应。伍子胥走了几步，回头看渔父，已经把船弄翻，自沉到江中。伍子胥默然无语。

　　伍子胥来到吴国，途中生病，在溧阳讨饭。碰巧一位女子在濑水边捶丝绵，竹筐里装着饭食。伍子胥遇见她，对女子说："夫人，可以给我吃顿饭吗？"女子说："我一个人和母亲住在一起，三十岁了还未嫁人，我不能给你饭吃。"伍子胥说："夫人救济一个困境中的人少许饭食，还避什么嫌疑呢？"女子知道不是常人，就答应了。她打开盛饭的竹筐，盛上汤饭，直身跪起，端给伍子胥。伍子胥想再吃一点饭，但又不吃了。女子说："先生还要走远路，怎么不吃饱？"伍子胥于是将饭吃光而离开，又对女子说："掩埋好您的壶浆，不要让它露在外面。"女子感叹道："唉！我独身与母亲住了三十年，固守自己的贞节，不愿嫁人。我怎么可以馈赠饭食给一个男子，违犯礼仪呢？我是不忍心你挨饿。你走吧。"伍子胥走开，回头看那女子，已经投濑水自尽了。唉！贞节贤明，执守操行,她是一个女中丈夫啊!

伍子胥到了吴国都城后,就披散头发,佯装癫狂,赤着脚,脸上涂满泥,在街市乞讨。街上人看了他,都没有认识的。第二天,那位擅长相面的吴国集市的官吏见到了伍子胥,说:"我相过的人多了,还不曾见过这样一个人,莫非是别国流亡的大臣?"于是呈报吴王僚,具体陈述了伍子胥的状貌,并建议说:"大王应该召见他。"吴王僚说:"你去和他一起来。"公子光听说这件事后,私下高兴地说:"我听说楚王杀了忠臣伍奢,他的儿子伍子胥,勇敢而且有智谋,他一定是为了替父亲报仇,来到了吴国。"暗中想纳到自己门下。于是那位吴市官吏就和伍子胥一起进宫拜见吴王僚,吴王僚惊奇伍子胥的状貌魁梧高大,身高一丈,腰粗十围,两眉间相距一尺。吴王僚和伍子胥交谈了三天,伍子胥的言辞没有重复的。吴王僚说:"是一个贤才。"伍子胥知道吴王喜欢自己,每每入宫和吴王交谈辩论,吴王遂有勇敢胆壮之气,稍稍说起自己的冤仇,就有切齿痛恨的表情。吴王僚了解事情原委,要为他兴兵报仇。公子光阴谋杀害吴王僚,担心伍子胥先亲近吴王,从而破坏他的阴谋,于是进谗言说:"伍子胥劝大王讨伐楚国,不是为了吴国,而是想为自己报私仇罢了,大王不要用他。"伍子胥知道公子光想要谋害吴王僚,就说:"他公子光有弑君自立的意思,现在还不能游说吴王对外用兵。"伍子胥入宫面见吴王僚,说:"我听说诸侯不为一个普通人出兵进攻邻国。"吴王僚问:"为什么这样说?"伍子胥说:"诸侯应专权处理政事,不凭意气用事,需要救助急难,然后出动军队。现在大王居国君之位,法制威严,如果为一个百姓动用军队,在道义上是不对的。我决不敢遵从大王之命。"吴王就停止兴师复仇的打算。

伍子胥退隐在田野耕作,访求勇士推荐给公子光,想以此使自己得到喜爱。这样就得到一位名叫专诸的勇士。专诸是堂邑人,伍子胥逃离楚国到吴国时,在路上碰到他。当时专诸正在和别人打架。他准备扑向对方时,表现出的愤怒足有一万人的火气,很是不可抵挡,但他妻子喊了一声,他立刻就回去了。伍子胥感到奇怪,问他当时的情状:"为什么您正在盛怒之下,听到一位女子的叫声就转身回去了?难道有什么说法吗?"专诸说:"你看我的仪表,难道像一个愚笨的人吗?你的话怎么那样粗鄙?我屈身一人之下,必定出头于万人之上。"伍子胥于是仔细观察专诸的容貌,见他额头高耸,眼睛深凹,虎胸熊背,赴难倔强,知道是位勇士,就暗中和他结交,想为己所用。正巧公子光有谋杀吴王僚的打算,就把专诸推荐给公子光。

公子光得到专诸后,以礼相待。公子光说:"是上天让您来辅助无依无靠的我。"专诸说："前王馀昧去世，僚即位，自是合乎名分的，公子为什么要杀害他呢？"公子光说："先君寿梦有四个儿子：大儿子叫诸樊，即我的父亲，二儿子叫馀祭，三儿子叫馀昧，四儿子叫季札。季札很贤明，因此先君临终时，把王位传给嫡长子，吩咐依次传到季札。考虑到季札出使在外，流亡在别的诸侯国没有回来，所以馀昧去世后，王位虚空，如果立君，应是嫡长子。而嫡长子之后，就是我公子光，现在僚凭什么应当代替季札继位呢？我力量薄弱，执政大臣当中没有帮助我的，不用勇士，怎能完成我的志向呢？我虽然代季子继位，他东返之后，也不会废除我。"专诸说："为什么不派一个心腹到吴王身边从容进言，陈述先王的遗命，婉转地表达您的意思，让他知道国家应归谁所有？哪用暗地里准备刺客，而毁弃先王的德行呢？"公子光说："僚一向贪得无厌，仗着自己力量强，只知进取的好处，不知退让。所以我访求有同样忧虑的勇士，想与他合力除掉僚。想来您是理解这个道义的。"专诸说："国君说话很直露吗？他对您到底有什么想法？"公子光说："不是这样。我说这些是事关国家宗庙的话，小人是不能奉命去做的，看来只有交托给天命了。"专诸说："愿公子命令我做这件事。"公子光说："时机还不成熟。"专诸说："凡是要刺杀国君，一定要事先求其所好。吴王有什么喜好？"

公子光说:"他喜欢美味。"专诸又问:"什么美味是他喜欢的?"公子光说:"他最喜欢吃烤鱼。"专诸于是离开吴都,到太湖学习烤鱼。三个月后,习得烤鱼美味,安心坐等公子光的命令。

吴王僚八年,僚派公子讨伐楚国,大败楚军,并顺便从郑国迎回了已故楚太子建的母亲。郑国国君送给建的母亲珠玉簪珥等首饰,想以此消解杀害建的过错。

吴王僚九年,吴国派公子光讨伐楚国,攻克了楚国的居巢、钟离。吴国讨伐楚国,起因于楚国边镇胛梁的妇女和吴国边城的妇女为养蚕争夺边界上的桑叶。两家相互攻击,吴国未能取胜,楚国趁机再次发动进攻,灭掉了吴国的边城。吴国一怒之下,发兵讨伐楚国,掠取了两座城池后才撤兵。

吴王僚十二年冬天,楚平王去世。伍子胥对白公胜说:"平王死了,我报仇的志向无法完成了。但楚国还在,我担心什么呢?"白公胜默默地没有回答。伍子胥因此在室内哭泣。

吴王僚十三年春,吴王想趁楚国举办丧事之机发动进攻,派遣公子盖馀、烛庸率兵围攻楚国,同时派季札出使晋国,观察诸侯的反应。楚国发兵断绝了吴军的后路,致使吴军无法退回国内。看到这种情况,公子光内心活动起来。伍子胥知道公子光瞄上了机会,就劝他说:"目前吴王派兵攻打楚国,他的两个弟弟带兵出战,不知是吉是凶,利用专诸刺杀吴王一事,就在此紧急时刻。时机不会再来,不可丧失。"于是,公子光召见专诸,对他说:"眼下僚的两个弟弟正在攻打楚国,季札出使未归。赶上这样的时机,不去求取,还会有什么收获?机不可失,况且我才是真正的王位继承者。"专诸说:"僚是可以杀死的。他的母亲年纪已老,儿子还很幼弱,两个弟弟又在攻打楚国,而且被断绝了退路。如今吴国外困于楚国,而朝廷内又没有忠诚正直的大臣,这是没有办法对付我们的。"

　　四月,公子光在地下室埋伏了身穿盔甲的士兵,设酒席宴请吴王僚。僚对他母亲说:"公子光设酒席宴请我,但愿不会有什么变故,您了解吗?"僚的母亲说:"光心气怏怏不乐,常有羞愧恼恨的神色,不可不谨慎。"吴王僚于是披戴三层棠铁甲衣,沿途列兵守卫,从王宫大门直到公子光家门口。台阶、席位、身边都布满了僚的亲戚,还让坐着站着的侍从都拿着长戟交叉护卫。当酒喝到酣畅时,公子光假装脚痛,到地下室包脚,让专诸把鱼肠剑藏在烤鱼中端进去。专诸走到僚跟前后,就掰开烤鱼,趁机推出匕首。僚的侍卫立刻把交叉的戟砍在专诸胸上,专诸前胸当即被裂开,但他仍把匕首刺向僚,刺穿了僚的盔甲,直达后背。僚死后,左右侍从一起杀死了专诸。一时众人扰动，公子光出动他预先埋伏的甲兵，攻击僚的侍从，把他们全部消灭。公子光就自立为王，这就是吴王阖闾。于是封专诸的儿子，任命他为客卿。

季札出使回到吴国，阖闾以王位相让，季札说："假如先王的祭祀不被废弃，我愿把国家奉献给您。我责怨谁呢？我哀悼死者，侍奉生者，以待天命。不是我引发的祸乱，谁即位为君，我就顺从谁，这是先辈传下的规矩。"于是到僚墓前复命哭祭，然后回到自己的职位待命。公子盖馀、烛傭二人所率军队在楚国被包围，听说公子光杀死僚，自立为君，就率部投降了楚国，楚国把他们封在舒。

阖闾内传

阖闾（？—前496），一作阖庐，春秋末年吴国国君，名光。前514—前496年在位。阖闾是春秋时著名的霸主，他在位期间是吴国历史上最强盛的时期。吴国地处东南一隅，同中原各诸侯国相比，生产力低下，文化落后，被称为"蛮夷之邦"。但阖闾通过政变上台后，励精图治，任用贤能，在伍子胥、孙武等人的辅助下，很快就使吴国强盛起来。吴国军队东征西讨，屡次战胜楚国、越国，并一度攻占了楚国都城郢，还威胁北面的齐国、晋国。吴国进入了春秋列强的行列。

本篇在史事记载中，还夹杂一些传说故事，

像欧冶子铸剑、阖闾为女儿出殡、齐女思乡等段落,描写生动具体,气氛烘托、场面渲染也很精彩,具有较高的文学价值。

阖闾元年,始任贤使能,施恩行惠,以仁义闻于诸侯。仁未施,恩未行,恐国人不就,诸侯不信,仍举伍子胥为行人①,以客礼事之,而与谋国政。阖闾谓子胥曰:"寡人欲强国霸王,何由而可?"伍子胥膝进,垂泪顿首曰:"臣,楚国之亡虏也,父兄弃捐,骸骨不葬,魂不血食②,蒙罪受辱,来归命于大王,幸不加戮,何敢与政事焉?"阖闾曰:"非夫子,寡人不免于絷御之使③。今幸奉一言之教④,乃至于斯,何为中道生进退耶⑤?"子胥曰:"臣闻,谋议之臣,何足处于危亡之地⑥?然忧除事定,必不为君主所亲。"阖闾曰:"不然。寡人非子无所尽议,何得让乎?吾国僻远,顾在东南之地,险阻润湿,又有江海

---

① 仍:乃,就。行人:古代官名,掌管朝觐、聘问之类礼仪事务。 ② 血食:古代杀牲取血,用以祭祀,故称。 ③ 絷:拘束,捆缚。御:通"圉",指监狱。 ④ 一言之教:指伍子胥教阖闾伺机派专诸刺杀吴王僚,自立为王。参见前《王僚使公子光传》。 ⑤ 进退:进仕退隐,这里指引退不参政。 ⑥ 何足:岂止,不止。这句意思是说谋臣随时准备牺牲生命。

之害。君无守御,民无所依,仓库不设①,田畴不垦②。为之奈何?"子胥良久对曰:"臣闻治国之道,安君理民,是其上者。"阖闾曰:"安君治民,其术奈何?"子胥曰:"凡欲安君治民,兴霸成王,从近制远者,必先立城郭,设守备,实仓廪,治兵库,斯则其术也。"阖闾曰:"善。夫筑城郭,立仓库,因地制宜,岂有天气之数以威邻国者乎③?"子胥曰:"有。"阖闾曰:"寡人委计于子。"

子胥乃使相土尝水,象天法地,造筑大城。周回四十七里。陆门八,以象天八风④。水门八,以法地八聪⑤。筑小城,周十里,陵门三⑥。不开东面者,欲以绝越明也。立阊门者,以象天门通阊阖风也⑦。立蛇门者,以象地户也。阖闾欲西破楚,楚在西北,故立阊门以通天气,因复名之破楚门。欲东并大越,越在东南,故立蛇

---

① 仓库:粮仓兵库。这句是说国家实力并不富强。
② 田畴:农田。这句是说土地尚未充分开垦。 ③ 天气之数:天象气候的术数。古代阴阳家以为天象与人事相感应,天象气候预示人间事态的吉凶。观察推测天人之际的联系,并相应采取对策措施,便是阴阳术数,即所谓"天气之数"。 ④ 八风:东北、东、东南、南、西、西南、北、西北等八个方位的风,总称八风。 ⑤ 八聪:《艺文类聚》引作"八窗",与"八风"相应,在八风吹来的八个方位。 ⑥ 陵门:陆上之门。"陵"同"陆",《左传》定公六年:"子期又以陵师败于繁杨。" ⑦ 阊阖风:西方的风。其称见《史记·律书》。

门以制敌国。吴在辰,其位龙也,故小城南门上反羽为两鲵鲩①,以象龙角。越在巳地,其位蛇也,故南大门上有木蛇,北向首内,示越属于吴也。

　　城郭以成,仓库以具,阖闾复使子胥、屈盖馀、烛庸②,习术战骑射御之巧。未有所用,请干将铸作名剑二枚。干将者,吴人也,与欧冶子同师③,俱能为剑。越前来献三枚,阖闾得而宝之,以故使剑匠作为二枚:一曰干将,二曰莫耶。莫耶,干将之妻也。干将作剑,采五山之铁精,六合之金英④。候天伺地,阴阳同光⑤,百神临观,天气下降⑥,而金铁之精不销沦流⑦。于是干将不知其由。莫耶曰:"子以善为剑闻于王,使子作剑,三月不成,其有意乎?"干将曰:"吾不知其理也。"莫耶曰:"夫神物之化,须人而成。今夫子作剑,得无得其人而后成乎⑧?"干将曰:"昔吾师作冶,金铁之类不销⑨,夫妻俱入冶炉

----

　　① 反羽:尾沿上仰起的瓦当。鲵鲩(ní rǎo 尼绕):古人想像出来的鱼类,用于建筑物的装饰。　② 前文云盖馀、烛庸以兵降楚,参照《左传》记载,此处当误。　③ 干将、欧冶子:都是春秋时著名的铸剑工匠。　④ 六合:古代称天地四方为六合。金英:铜矿的精华。　⑤ 阴阳同光:太阳、月亮都在天空的时刻,即日升或月未没或日未落而月已升的时刻。　⑥ 天气下降:天象气候都降临大地。　⑦ 不销沦流:铜铁矿石不熔为流质。　⑧ 得无:疑问词,是不是,要不要。　⑨ 金铁之类不销:铜、铁各成一类,不熔合在一起。

中,然后成物。至今后世,即山作冶,麻绖菅服①,然后敢铸金于山。今吾作剑不变化者,其若斯耶?"莫邪曰:"师知烁身以成物,吾何难哉?"于是干将妻乃断发剪爪,投于炉中,使童女童男三百人鼓橐装炭②。金铁乃濡③,遂以成剑。阳曰干将,阴曰莫邪,阳作龟文,阴作漫理。干将匿其阳,出其阴而献之。阖闾甚重。既得宝剑,适会鲁使季孙聘于吴④,阖闾使掌剑大夫以莫邪献之。季孙拔,剑之锷中缺者大如黍米⑤,叹曰:"美哉!剑也。虽上国之师⑥,何能加之!夫剑之成也,吴霸。有缺,则亡矣。我虽好之,其可受乎!"不受而去。

　　阖闾既宝莫邪,复命于国中作金钩⑦,令曰:"能为善钩者,赏之百金。"吴作钩者甚众,而有人贪王之重赏也,杀其二子,以血衅金⑧,遂成二钩。献于阖闾,诣宫门而求赏。王曰:"为钩者众,而子独求赏,何以异于众夫子之钩乎?"作钩者曰:"吾之作钩也,贪而杀二子,衅成二钩。"王乃举众钩以示之:"何者是也?"王钩甚多,形体相

---

①麻绖(dié 叠):古代丧期结在头上或腰间的麻带。菅(jiān 奸)服:茅草衣。 ②橐(tuó 驼):古代冶炼时用来鼓风吹火的装置。 ③濡:化合。 ④季孙:鲁国大臣,姓季孙。 ⑤锷:剑刃。 ⑥上国:指中原大国。师:匠师。 ⑦金钩:古代一种兵器。 ⑧衅(xìn 衅):通"衅",古代铸造器物,杀牲取血,涂在缝隙里。

类，不知其所在。于是钩师向钩而呼二子之名："吴鸿、扈稽，我在于此，王不知汝之神也。"声绝于口，两钩俱飞着父之胸。吴王大惊，曰："嗟乎！寡人诚负于子。"乃赏百金，遂服而不离身。

六月，欲用兵，会楚之白喜来奔①。吴王问子胥曰："白喜何如人也？"子胥曰："白喜者，楚白州犁之孙②。平王诛州犁，喜因出奔，闻臣在吴而来也。"阖闾曰："州犁何罪？"子胥曰："白州犁，楚之左尹③，号曰郤宛④，事平王。平王幸之，常与尽日而语，袭朝而食。费无忌望而妒之，因谓平王曰：'王爱幸宛，一国所知，何不为酒，一至宛家，以示群臣于宛之厚。'平王曰：'善。'乃具酒于郤宛之舍。无忌教宛曰：'平王甚毅猛而好兵，子必前陈兵堂下门庭。'宛信其言，因而为之。及平王往而大惊曰：'宛何等也？'无忌曰：'殆且有篡杀之忧，王急去之，事未

---

① 白喜：《左传》、《史记·吴太伯世家》作"伯嚭"，下同。楚国大臣，官居相位。　② 白州犁：《左传》、《史记》均作"伯州犁"。　③ 左尹：春秋时楚国官名。　④ 号曰郤宛：是说白州犁号郤宛。据此，则郤宛即伯州犁，是一人。但此事有误。据《左传》记载，伯州犁死于昭公元年，郤宛死于昭公二十七年，明为二人。《史记·吴太伯世家》注引徐广说，郤宛是伯州犁之子。又本篇下文载楚司马成谏子常也说"今无辜杀三贤士"，也以伯、郤为二人。均可以为佐证。

可知。'平王大怒,遂诛郤宛。诸侯闻之,莫不叹息。喜闻臣在吴,故来请见之。"阖闾见白喜而问曰:"寡人国僻远,东滨海,侧闻子前人为楚刑之暴怒、费无忌之谗口①。不远吾国,而来于斯,将何以教寡人?"喜曰:"楚国之失虏,前人无罪,横被暴诛。臣闻大王收伍子胥之穷厄,不远千里,故来归命,惟大王赐其死②。"阖闾伤之,以为大夫,与谋国事。吴大夫被离承宴,问子胥曰:"何见而信喜?"子胥曰:"吾之怨与喜同,子不闻河上歌乎?同病相怜,同忧相救。惊翔之鸟,相随而集。濑下之水③,因复俱流。胡马望北风而立,越燕向日而熙。谁不爱其所近,悲其所思者乎!"被离曰:"君之言外也,岂有内意以决疑乎?"子胥曰:"吾不见也。"被离曰:"我观喜之为人,鹰视虎步,专功擅杀之性,不可亲也。"子胥不然其言,与之俱事吴王。

二年,吴王前既杀王僚,又忧庆忌之在邻国④,恐合诸侯来伐。问子胥曰:"昔专诸之事于寡人厚矣。今闻公子庆忌有计于诸侯,吾食不甘味,卧不安席,以付于

---

① 侧闻:从旁听说。谦辞。这句的意思是说郤宛死于楚王暴怒和费无忌的谗害,但为了客气而避讳说"死",因而点出其事即止。 ② 赐其死:赐给我效死的机会。其,这里是自指代词。 ③ 濑:沙石上急流的水。 ④ 庆忌:王僚之子,著名勇士,逃亡在卫国。

子。"子胥曰:"臣不忠无行,而与大王图王僚于私室之中。今复欲讨其子,恐非皇天之意。"阖闾曰:"昔武王讨纣而后杀武庚,周人无怨色。今若斯义,何乃天乎?"子胥曰:"臣事君王,将遂吴统,又何惧焉?臣之所厚其人者,细人也①,愿从于谋。"吴王曰:"吾之忧也,其敌有万人之力,岂细人之所能谋乎?"子胥曰:"其细人之谋事,而有万人之力也。"吴王曰:"其为何谁?子以言之。"子胥曰:"姓要,名离。臣昔尝见曾折辱壮士椒丘欣也。"王曰:"辱之奈何?"子胥曰:"椒丘欣者,东海上人也,为齐王使于吴,过淮津,欲饮马于津,津吏曰:'水中有神,见马即出,以害其马。君勿饮也。'欣曰:'壮士所当,何神敢干?'乃使从者饮马于津,水神果取其马,马没。椒丘欣大怒,袒裼持剑②,入水求神决战,连日乃出,眇其一目。遂之吴,会于友人之丧。欣恃其与水战之勇也,于友人之丧席而轻傲于士大夫,言辞不逊,有陵人之气③。要离与之对坐,合坐不忍其溢于力也。时要离乃挫欣曰:'吾闻勇士之斗也,与日战不移表④,与神鬼战者不旋踵⑤,与人战者不达声⑥,生往死还,不受其辱。今子与

---

① 细人:地位卑微的人。 ② 袒裼(tǎn xī 坦昔):赤身露体。 ③ 陵:同"凌",压倒。 ④ 表:古代测量日影以计时的标杆。 ⑤ 旋踵:转动脚跟。 ⑥ 达声:发出声音。

神斗于水,亡马失御,又受眇目之病,形残名勇,勇士所耻。不即丧命于敌,而恋其生,犹傲色于我哉!'于是,椒丘欣卒于诘责,恨怒并发,暝即往攻要离。于是,要离席阑至舍,诫其妻曰:'我辱壮士椒丘欣于大家之丧,余恨蔚恚①,暝必来也,慎无闭吾门。'至夜,椒丘欣果往,见其门不闭。登其堂,不关。入其室,不守。放发僵卧无所惧。欣乃手剑而捽要离曰②:'子有当死之过者三,子知之乎?'离曰:'不知。'欣曰:'子辱我于大家之众,一死也。归不关闭,二死也。卧不守御,三死也。子有三死之过,欲无得怨。'要离曰:'吾无三死之过,子有三不肖之愧③,子知之乎?'欣曰:'不知。'要离曰:'吾辱子于千人之众,子无敢报,一不肖也。入门不咳,登堂无声,二不肖也。前拔子剑,手挫捽吾头,乃敢大言,三不肖也。子有三不肖而威于我,岂不鄙哉?'于是,椒丘欣投剑而叹曰:'吾之勇也,人莫敢眥占者④,离乃加吾之上,此天下壮士也。'臣闻要离若斯,诚以闻矣。"吴王曰:"愿承宴而待焉。"

子胥乃见要离曰:"吴王闻子高义,惟一临之。"乃与

---

① 蔚恚(huì 汇):充满怨怒。　② 捽(zuó 昨):揪住。
③ 不肖:不像勇士,不够勇士身份。　④ 眥占:侧目而视,表示轻蔑。

子胥见吴王。王曰:"子何为者?"要离曰:"臣,国东千里之人。臣细小无力,迎风则僵,负风则伏,大王有命,臣敢不尽力?"吴王心非子胥进此人,良久默然不言。要离即进曰:"大王患庆忌乎?臣能杀之。"王曰:"庆忌之勇,世所闻也。筋骨果劲,万人莫当。走追奔兽,手接飞鸟。骨腾肉飞,拊膝数百里①。吾尝追之于江,驷马驰不及。射之阉接②,矢不可中。今子之力不如也。"要离曰:"王有意焉,臣能杀之。"王曰:"庆忌明智之人,归穷于诸侯,不下诸侯之士。"要离曰:"臣闻安其妻子之乐,不尽事君之义,非忠也。怀家室之爱,而不除君之患者,非义也。臣诈以负罪出奔,愿王戮臣妻子,断臣右手,庆忌必信臣矣。"王曰:"诺。"

要离乃诈得罪出奔。吴王乃取其妻子,焚弃于市。要离乃奔诸侯而行怨言,以无罪闻于天下。遂如卫,求见庆忌。见曰:"阖闾无道,王子所知。今戮吾妻子,焚之于市,无罪见诛。吴国之事,吾知其情。愿因王子之勇,阖闾可得也。何不与我东之于吴?"庆忌信其谋。后三月,拣练士卒,遂之吴。将渡江于中流,要离力微,坐与上风,因风势以矛钩其冠,顺风而刺庆忌。庆忌顾而

---

① 拊膝:拍拍膝盖。 ② 阉(yǎn 掩):遽然,形容动作利落快捷。

挥之三,捽其头于水中,乃加于膝上:"嘻嘻哉!天下之勇士也,乃敢加兵刃于我。"左右欲杀之,庆忌止之曰:"此是天下勇士,岂可一日而杀天下勇士二人哉①!"乃诫左右曰:"可令还吴,以旌其忠。"于是庆忌死。要离渡至江陵②,愍然不行③。从者曰:"君何不行?"要离曰:"杀吾妻子以事其君,非仁也。为新君而杀故君之子,非义也。重其死,不贵无义,今吾贪生弃行,非义也。夫人有三恶以立于世,吾何面目以视天下之士?"言讫,遂投身于江。未绝,从者出之。要离曰:"吾宁能不死乎④?"从者曰:"君且勿死,以俟爵禄。"要离乃自断手足,伏剑而死。

三年,吴将欲伐楚,未行。伍子胥、白喜相谓曰:"吾等为王养士,画其策谋,有利于国。而王故伐楚,出其令,托而无兴师之意。奈何?"有顷,吴王问子胥、白喜曰:"寡人欲出兵,于二子何如?"子胥、白喜对曰:"臣愿用命。"吴王内计二子皆怨楚,深恐以兵往破灭而已。登台向南风而啸,有顷而叹,群臣莫有晓王意者。

子胥深知王之不定,乃荐孙子于王。孙子者,名武,

---

① 二人:指自己与要离二人都是天下勇士。 ② 江陵:今湖北省江陵县。 ③ 愍(mǐn悯)然:忧伤的样子。 ④ 宁:怎么。

吴人也。善为兵法,辟隐深居,世人莫知其能。胥乃明知鉴辩①,知孙子可以折冲销敌②,乃一旦与吴王论兵,七荐孙子。吴王曰:"子胥托言进士,欲以自纳。"而召孙子问以兵法。每陈一篇,王不知口之称善,其意大悦。问曰:"兵法宁可以小试耶?"孙子曰:"可!可以小试于后宫之女。"王曰:"诺。"孙子曰:"得大王宠姬二人,以为军队长,各将一队。"令三百人皆被甲兜鍪③,操剑盾而立。告以军法,随鼓进退,左右回旋,使知其禁。乃令曰:"一鼓皆振,二鼓操进,三鼓为战形。"于是宫女皆掩口而笑。孙子乃亲自操枹击鼓,三令五申,其笑如故。孙子顾视诸女连笑不止,孙子大怒,两目忽张,声如骇虎,发上冲冠,项旁绝缨④,顾谓执法曰:"取鈇锧⑤!"孙子曰:"约束不明,申令不信,将之罪也。既以约束,三令五申,卒不却行,士之过也。军法如何?"执法曰:"斩!"武乃令斩队长二人,即吴王之宠姬也。吴王登台观望,正见斩二爱姬,驰使下之令曰:"寡人已知将军用兵矣。寡人非此二姬,食不甘味,宜勿斩之。"孙子曰:"臣既已受命为将,将法:在军,君虽有令,臣不受之。"孙子复执

---

① 鉴辩:镜鉴、辨别,分得清楚。辩,通"辨"。 ② 折冲:使敌人战车后撤,即击退敌军。冲,古代一种战车。 ③ 兜鍪(móu谋):古代士兵戴的头盔。 ④ 缨:连结发束和帽子的丝帽带。 ⑤ 鈇锧:斧和铁砧,古代斩首的刑具。

鼓之①。当左右进退，回旋规矩，不敢瞬目，二队寂然无敢顾者。于是乃报吴王曰："兵已整齐，愿王观之。惟所欲用，使赴水火，犹无难矣，而可以定天下。"吴王忽然不悦，曰："寡人知子善用兵，虽可以霸，然而无所施也。将军罢兵就舍，寡人不愿。"孙子曰："王徒好其言而不用其实。"子胥谏曰："臣闻兵者，凶事，不可空试。故为兵者②，诛伐不行，兵道不明③。今大王虔心思士，欲兴兵戈以诛暴楚④，以霸天下而威诸侯。非孙武之将，而谁能涉淮逾泗，越千里而战者乎？"于是吴王大悦，因鸣鼓会军，集而攻楚。孙子为将，拔舒，杀吴亡将二公子盖馀、烛庸⑤。谋欲入郢⑥，孙武曰："民劳未可恃也。"

楚闻吴使孙子、伍子胥、白喜为将，楚国苦之。群臣皆怨，咸言费无忌谗杀伍奢、白州犁，而吴侵境，不绝于寇，楚国群臣有一朝之患⑦。于是，司马成乃谓子常曰⑧："太傅伍奢、左尹白州犁，邦人莫知其罪，君与王谋

---

① 拗：通"挥"，指挥，挥动。　② 为兵：治军，训练军队。
③ 兵道：治军之道。　④ 兵戈：短兵长戈，喻战争。　⑤ 盖馀、烛庸：王僚的两个儿子。僚被杀，他们投奔楚国。事见上篇《王僚使公子光传》。　⑥ 郢：楚国都城，今在湖北江陵的纪南。　⑦ 一朝之患：一时突然降临的灾祸。《礼记·檀弓上》："故君子有终生之忧，无一时之患。"　⑧ 司马成：楚国大臣，《左传》作司马戌。子常：楚国令尹。

诛之。流谤于国,至于今日,其言不绝,诚惑之。盖闻仁者杀人以掩谤者①,犹弗为也②;今子杀人以兴谤于国,不亦异乎! 夫费无忌,楚之谗口,民莫知其过。今无辜杀三贤士③,以结怨于吴。内伤忠臣之心,外为邻国所笑。且郤、伍之家出奔于吴。吴新有伍员、白喜,秉威锐志,结仇于楚,故强敌之兵日骇。楚国有事,子即危矣。夫智者除谗以自安,愚者受佞以自亡。今子受谗,国以危矣。"子常曰:"是囊之罪也,敢不图之?"九月,子常与昭王共诛费无忌,遂灭其族,国人乃谤止。

吴王有女滕玉。因谋伐楚,与夫人及女会食蒸鱼④,王前尝半而与女。女怒曰:"王食我残鱼⑤,辱我,不忍久生⑥。"乃自杀。阖闾痛之,葬于国西阊门外。凿池积土,文石为椁⑦,题凑为中⑧,金鼎玉杯,银樽珠襦之宝⑨,皆以送女。乃舞白鹤于吴市中,令万民随而观

---

① 掩谤:制止诽谤。 ② 弗:不。 ③ 三贤士:指伍奢、白州犁及白喜之父郤宛。 ④ 食:原脱,据《文选·舞鹤赋》注引《吴越春秋》补。 ⑤ 我残:原脱,据《文选·舞鹤赋》注引《吴越春秋》补。 ⑥ 忍:原作"忘",据《文选·舞鹤赋》注引《吴越春秋》改。 ⑦ 椁:古代棺木有两重,外曰椁,内曰棺。 ⑧ 题凑:古代一些贵族墓葬,椁室用厚木累积而成,木头皆内向,称题凑。 ⑨ 珠襦(rú 如):用珠串成的短衣。

之,还使男女与鹤俱入羡门①,因发机以掩之。杀生以送死,国人非之。

湛卢之剑恶阖闾之无道也②,乃去而出,水行如楚。楚昭王卧而寤,得吴王湛卢之剑于床。昭王不知其故,乃召风湖子而问曰③:"寡人卧觉而得宝剑,不知其名,是何剑也?"风湖子曰:"此谓湛卢之剑。"昭王曰:"何以言之?"风湖子曰:"臣闻吴王得越所献宝剑三枚,一曰鱼肠,二曰磐郢,三曰湛卢。鱼肠之剑已用杀吴王僚也,磐郢以送其死女,今湛卢入楚也。"昭王曰:"湛卢所以去者,何也?"风湖子曰:"臣闻越王元常使欧冶子造剑五枚,以示薛烛④。烛对曰:'鱼肠剑逆理不顺,不可服也,臣以杀君,子以杀父。'故阖闾以杀王僚。一名磐郢,亦曰豪曹,不法之物,无益于人,故以送死。一名湛卢,五金之英⑤,太阳之精,寄气托灵,出之有神,服之有威,可以折冲拒敌。然人君有逆理之谋,其剑即出,故去无道以就有道。今吴王无道,杀君谋楚,故湛卢入楚。"昭王曰:"其直几何?"风湖子曰:"臣闻此剑在越之时,客有酬其直者:有市之乡三十、骏马千匹、万户之都二,是其一

---

① 羡门:墓门。 ② 湛卢之剑:宝剑名湛卢,是越国贡献吴王阖闾的三把宝剑之一。 ③ 风湖子:春秋时人,善于识剑。 ④ 薛烛:春秋时越国人,善于鉴别宝剑。 ⑤ 五金:金、银、铜、铁、铅,一说铅或为锡。这里概指金属。

也。薛烛对曰:'赤堇之山已令无云①,若耶之溪深而莫测②,群臣上天,欧冶死矣。'虽倾城量金,珠玉盈河,犹不能得此宝,而况有市之乡、骏马千匹、万户之都,何足言也。"昭王大悦,遂以为宝。阖闾闻楚得湛卢之剑,因斯发怒,遂使孙武、伍胥、白喜伐楚。子胥阴令宣言于楚曰:"楚用子期为将,吾即得而杀之。子常用兵,吾即去之。"楚闻之,因用子常,退子期。吴拔六与潜二邑③。

五年,吴王以越不从伐楚,南伐越。越王元常曰:"吴不信前日之盟,弃贡赐之国,而灭其交亲。"阖闾不然其言。遂伐,破檇里④。

六年,楚昭王使公子囊瓦伐吴,报潜、六之役。吴使伍胥、孙武击之,围于豫章⑤。吴王曰:"吾欲乘危入楚都而破其郢,不得入郢,二子何功?"于是围楚师于豫章,大破之。遂围巢,克之,获楚公子繁以归,为质。

九年,吴王谓子胥、孙武曰:"始子言郢不可入,今果何如?"二将曰:"夫战,借胜以成其威,非常胜之道。"吴王曰:"何谓也?"二将曰:"楚之为兵,天下强敌也。今臣

---

① 赤堇:山名,相传为欧冶子铸剑之所,在今浙江绍兴市南。 ② 若耶:溪名,也作"若邪",在今浙江绍兴市南。 ③ 六:在今安徽六安。潜:在今安徽潜山县。 ④ 檇(zuì醉)里:古地名。又作"檇李"。在今浙江嘉兴西南。 ⑤ 豫章:古地区名。其地在淮水、长江之间。

与之争锋,十亡一存,而王入郢者,天也。臣不敢必。"吴王曰:"吾欲复击楚,奈何而有功?"伍胥、孙武曰:"囊瓦者①,贪而多过于诸侯,而唐、蔡怨之。王必伐楚②,得唐、蔡而后可。"吴王曰:"唐、蔡何怨?"二将曰:"昔蔡昭公朝于楚,有美裘二枚、善珮二枚,各以一枚献之昭王。王服之以临朝,昭公自服一枚。子常欲之,昭公不与。子常三年留之不使归国。唐成公朝楚,有二文马③,子常欲之,公不与,亦三年止之。唐人相与谋④,从成公从者请马,以赎成公。饮从者酒,醉之,窃马而献子常,常乃遣成公归国。群臣诽谤曰:'君以一马之故,三年自囚,愿赏窃马之功。'于是,成公常思报楚,君臣未尝绝口。蔡人闻之,固请献裘、珮于子常,蔡侯得归。如晋告诉,以子元与太子质,而请伐楚。故曰得唐、蔡而可伐楚。"

　　吴王于是使使谓唐、蔡曰:"楚为无道,虐杀忠良,侵食诸侯,困辱二君。寡人欲举兵伐楚,愿二君有谋。"唐侯使其子乾为质于吴,三国合谋伐楚。舍兵于淮汭⑤,自豫章与楚夹汉水为阵。子常遂济汉而阵,自小别山至于

---

　　① 囊瓦:即子常,楚国令尹。　② "王必伐楚"以下四句,原作"王必伐,得唐、蔡何怨?"有脱文,据《龙溪精舍丛书》本《吴越春秋》补。　③ 文马:毛色有文采的马。　④ 人:原作"成",据徐天祐校改。　⑤ 舍兵:驻军。《左传》定公四年作"舍舟",则谓水军住在船上。汭:水弯。

大别山。三不利，自知不可进，欲奔亡。史皇曰①："今子常无故与王共杀忠臣三人，天祸来下，王之所致。"子常不应。十月，楚二师阵于柏举②，阖闾之弟夫概晨起请于阖闾曰："子常不仁，贪而少恩，其臣下莫有死志，追之必破矣。"阖闾不许。夫概曰："所谓臣行其志不待命者，其谓此也。"遂以其部五千人击子常，大败，走奔郑，楚师大乱。吴师乘之，遂破楚众。楚人未济汉，会楚人食，吴因奔而击破之雍滞③，五战径至于郢。

王迫于吴寇④，出固将亡⑤，与妹季芈出河濉之间⑥，楚大夫尹固与王同舟而去。吴师遂入郢，求昭王。王涉濉济江⑦，入于云中⑧。暮宿，群盗攻之，以戈击王头。大夫尹固隐王，以背受之，中肩。王惧，奔郧⑨。大夫种建负季芈以从。郧公辛得昭王，大喜，欲还之。其弟怀怒曰："昭王是我仇也。"欲杀之，谓其兄辛曰："昔平王杀我父，吾杀其子，不亦可乎？"辛曰："君讨其臣，敢仇之

---

① 史皇：楚臣。　② 柏举：春秋时楚国地名，故址在今湖北麻城境内。　③ 雍滞：《左传》作"雍澨"，春秋时楚国地名。④ 迫：原作"追"，从徐天祜校改。　⑤ 固：据卢文弨校，当作"国"。　⑥ 濉（suī虽）：水名，在安徽省。　⑦ 涉：徒步过河。济：渡水。　⑧ 云：古泽薮名，也称"梦"或"云梦"，地在湖北、湖南境内。　⑨ 郧（yún云）：春秋国名，后为楚灭。故地在今湖北安陆。

者？夫乘人之祸,非仁也。灭宗废祀,非孝也。动无令名,非智也。"怀怒不解。辛阴与其季弟巢以王奔随①。吴兵逐之,谓随君曰:"周之子孙在汉水上者,楚灭之。谓天报其祸,加罚于楚,君何宝之？周室何罪,而隐其贼②？能出昭王,即重惠也。"随君卜昭王与吴王,不吉,乃辞吴王曰:"今随之僻小,密近于楚,楚实存我。有盟至今未改,若今有难而弃之③？今且安静,楚敢不听命？"吴师多其辞,乃退。是时,大夫子期虽与昭王俱亡,阴与吴师为市④,欲出昭王。王闻之,得免,即割子期心以与随君盟而去。

吴王入郢,止留。伍子胥以不得昭王,乃掘平王之墓,出其尸,鞭之三百。左足践腹,右手抉其目,诮之曰:"谁使汝用谗谀之口⑤,杀我父兄,岂不冤哉！"即令阖闾妻昭王夫人,伍胥、孙武、白喜亦妻子常、司马成之妻,以辱楚之君臣也。遂引军击郑。郑定公前杀太子建而困迫子胥。自此郑定公大惧,乃令国中曰:"有能还吴军者,吾与分国而治。"渔者之子应募曰:"臣能还之,不用尺兵斗粮,得一桡而行歌道中⑥,即还矣。"公乃与渔者之

---

① 随:周代国名,姬姓,春秋后期成为楚国附庸,故地在今湖北随州。 ② 而:通"尔",你,指称随君。 ③ 若:若何,奈何,怎能。 ④ 为市:做交易。 ⑤ 谗谀之口:指费无忌。 ⑥ 桡(ráo 饶):船桨。

子桡。子胥军将至,当道扣桡而歌曰:"芦中人!"如是再。子胥闻之,愕然大惊,曰:"何等①?"谓与语:"公为谁矣?"曰:"渔父者子。吾国君惧怖,令于国:有能还吴军者,与之分国而治。臣念前人与君相逢于途②,今从君乞郑之国。"子胥叹曰:"悲哉!吾蒙子前人之恩,自致于此,上天苍苍,岂敢忘也。"于是乃释郑国,还军守楚,求昭王所在日急。

申包胥亡在山中,闻之,乃使人谓子胥曰:"子之报仇,其以甚乎?子,故平王之臣,北面事之③,今于僇尸之辱④,岂道之极乎?"子胥曰:"为我谢申包胥曰:日暮路远,倒行而逆施之于道也。"申包胥知不可,乃之于秦,求救楚。昼驰夜趋,足踵蹠劈⑤,裂裳裹膝,鹤倚哭于秦庭,七日七夜口不绝声。秦桓公素沉湎,不恤国事。申包胥哭已,歌曰:"吴为无道,封豕长蛇⑥,以食上国⑦,欲有天下,政从楚起⑧。寡君出在草泽,使来告急。"如此七日。桓公大惊:"楚有贤臣如是,吴犹欲灭之。寡人无臣若斯

---

① 何等:意思是何等人,什么人。 ② 前人:先人,称呼已故父亲。 ③ 北面:古代以朝南为尊贵,君王坐北朝南,臣下朝见君王称"北面"。 ④ 僇(lù录):侮辱。 ⑤ 踵:脚后跟。蹠(zhí直):脚掌。 ⑥ 封豕:大猪。封豕、长蛇,常用以比喻贪婪、暴虐的人。 ⑦ 上国:春秋时称中原诸侯国为上国。 ⑧ 政:通"正",正是。

者,其亡无日矣。"为赋《无衣》之诗曰①:"岂曰无衣,与子同袍。王于兴师,与子同仇。"包胥曰:"臣闻庀德无厌。王不忧邻国疆埸之患,逮吴之未定,王其取分焉。若楚遂亡,于秦何利? 则亦亡君之土也。愿王以神灵存之,世以事王。"秦伯使辞焉,曰:"寡人闻命矣,子且就馆,将图而告。"包胥曰:"寡君今在草野,未获所伏,臣何敢即安?"复立于庭,倚墙而哭,日夜不绝声,水不入口。秦伯为之垂涕,即出师而送之。

十年,秦师未出,越王元常恨阖闾破之樵里,兴兵伐吴。吴在楚,越盗掩袭之。六月,申包胥以秦师至,秦使公子子蒲、子虎率车五百乘,救楚击吴。二子曰:"吾未知吴道。"使楚师前与吴战,而即会之,大败夫概。七月,楚司马子成、秦公子子蒲与吴王相守,私以间兵伐唐,灭之。子胥久留楚求昭王,不去。夫概师败却退。九月,潜归,自立为吴王。阖闾闻之,乃释楚师,欲杀夫概。奔楚,昭王封夫概于棠溪②。阖闾遂归。子胥、孙武、白喜留,与楚师于淮澨。秦师又败吴师。楚子期将焚吴军,子西曰:"吾国父兄身战暴骨草野焉,不收,又焚之,其可

---

①《无衣》:《诗·秦风》篇名。这四句大意是说:怎能说没有衣裳,我与你同穿一件战袍。国王发动军队,我与你同有一个仇敌。 ②棠溪:即堂谿,春秋时楚国地名,在今河南西平县西。

乎？"子期曰："亡国失众，存没所在①，又何杀生以爱死。死如有知，必将乘烟起而助我。如其无知，何惜草中之骨，而亡吴国。"遂焚而战，吴师大败。子胥等相谓曰："彼楚虽败我余兵，未有所损我者。"孙武曰："吾以吴干戈西破楚②，逐昭王而屠荆平王墓，割戮其尸，亦已足矣。"子胥曰："自霸王已来③，未有人臣报仇如此者也。行去矣。"

吴军去后，昭王反国。乐师扈子非荆王信谗佞④，杀伍奢、白州犁，而寇不绝于境，至乃掘平王墓戮尸，奸妻以辱楚君臣⑤；又伤昭王困迫，几为天下大鄙，然已愧矣。乃援琴为楚作"穷劫之曲"，以伤君之迫厄之畅达也⑥。其词曰："王耶，王耶，何乖烈⑦，不顾宗庙听谗孽。任用无忌多所杀，诛夷白氏族几灭。二子东奔适吴越，吴王哀痛助忉怛⑧。垂涕举兵将西伐，伍胥、白喜、孙武决。三战破郢王奔发，留兵纵骑虏荆阙⑨。楚荆骸骨遭发掘，

---

① 存没：生存死亡。所在：到处。　② 干戈：兵器，此指军队。　③ 霸王：指春秋时代诸侯称霸为王。已：同"以"。　④ 扈：hù（户）。荆王：即楚王，楚又称荆楚。　⑤ 妻：原作"喜"，从卢文弨校注改。　⑥ 伤：原作"畅"，据徐天祜校注改。后"之"：往，到。　⑦ 何：何等，多么。乖：违反正理。烈：厉害。　⑧ 忉（dāo 刀）怛：悲惨哀愁。　⑨ 荆阙：指楚国宫殿。

鞭辱腐尸耻难雪。几危宗庙社稷灭,严王何罪国几绝①。卿士悽怆民恻悢②,吴军虽去怖不歇。愿王更隐抚忠节,勿为逸口能谤衺。"昭王垂涕,深知琴曲之情,扈子遂不复鼓矣。

子胥等过溧阳濑水之上,乃长叹息曰:"吾尝饥于此,乞食于一女子,女子饲我,遂投水而亡。"将欲报以百金而不知其家,乃投金水中而去。有顷,一老妪行哭而来,人问曰:"何哭之悲?"妪曰:"吾有女子,守居三十不嫁,往年击绵于此,遇一穷途君子而辄饭之,而恐事泄,自投于濑水。今闻伍君来,不得其偿,自伤虚死,是故悲耳。"人曰:"子胥欲报百金,不知其家,投金水中而去矣。"妪遂取金而归。

子胥归吴,吴王闻三师将至,治鱼为鲙③。将到之日,过时不至,鱼臭。须臾,子胥至,阖闾出鲙而食,不知其臭。王复重为之,其味如故。吴人作鲙者,自阖闾之造也。

诸将既从还楚,因更名阊门曰破楚门。复谋伐齐,齐子使女为质于吴,吴王因为太子波聘齐女。女少,思齐,日夜号泣,因乃为病。阖闾乃起北门,名曰望齐门,

---

① 严王:对国王的尊称。 ② 悽怆、恻悢(lì厉):都是形容悲伤的样子。 ③ 鲙(kuài快):细切的鱼肉。

令女往游其上。女思不止,病日益甚,乃至殂落。女曰:"令死者有知,必葬我于虞山之巅①,以望齐国。"阖闾伤之,正如其言,乃葬虞山之巅。是时,太子亦病而死。阖闾谋择诸公子可立者,未有定计。波太子夫差日夜告于伍胥曰:"王欲立太子,非我而谁当立?此计在君耳。"伍子胥曰:"太子未有定,我入则决矣。"阖闾有顷召子胥谋立太子,子胥曰:"臣闻祀废于绝后,兴于有嗣。今太子不禄②,早失侍御③,今王欲立太子者,莫大乎波秦之子夫差④。"阖闾曰:"夫差愚而不仁⑤,恐不能奉统于吴国。"子胥曰:"夫差信以爱人,端于守节,敦于礼义。父死子代,经之明文。"阖闾曰:"寡人从子。"立夫差为太子。使太子屯兵守楚留止。自治宫室,立射台于安里,华池在平昌,南城宫在长乐。阖闾出入游卧,秋冬治于城中,春夏治于城外。治姑苏之台,且食鲖山,昼游苏台。射于鸥陂,驰于游台。兴乐石城,走犬长洲。斯且阖闾之霸时。于是太子定,因伐楚,破师拔番⑥。楚惧吴

---

① 虞山:山名。在今江苏常熟西北。　② 不禄:古代对诸侯、大夫、士等死的讳称,即委婉说法。　③ 侍御:古代帝王的侍从官,这里指太子侍奉吴王。　④ 波秦:"秦"字衍文。　⑤ 夫差:原脱"差"字,据上下文补。　⑥ 番:通"鄱"。春秋时楚地,在今江西省鄱阳县。

兵复往,乃去郢,徙于芳若①。当此之时,吴以子胥、白喜、孙武之谋,西破强楚,北威齐、晋,南伐于越。

【翻译】

阖闾元年,吴王阖闾就开始任用贤能,施行恩惠,在诸侯中享有仁义之名。仁义尚未实施,恩惠尚未实行,阖闾担心国人不归从,诸侯不相信,于是就任命伍子胥为行人,待以宾客之礼,而且与他商量国家政事。阖闾对伍子胥说:"我想让国家强盛,做一代霸主,从什么途径可以达到?"伍子胥跪地上前,边流眼泪边磕头,说:"我是楚国一个逃亡的犯人,抛弃了自己的父兄,使他们的骨骸得不到安葬,鬼魂得不到祭祀。我蒙罪受辱,赶来投奔大王听命,有幸不被杀戮,怎么敢参预政事呢?"阖闾说:"要不是先生,我逃脱不了被囚禁的下场。如今幸亏遵奉您那句指教,我才到了这光景。您为什么半道上生起引退的念头呢?"伍子胥说:"我听说,谋臣岂止于把自己处在危亡境地。但是一旦忧患消除,国事安定,他必然不再为君主所亲信。"阖闾说:"不是这样,我除了先生,没有详尽商议国事的人,您怎么能退让呢?我的

---

① 芳(wěi 尾)若:《左传》作"鄀"。古地名,在今湖北宜城东南。

国家地处偏远,它在东南地区,地势险要不通,气候水土潮湿,而且有江河、海洋的危害。目前国君没有什么防御,百姓没有什么依靠,粮仓兵库未曾建设,田地也不曾开垦。对此将怎么办呢?"伍子胥过了很久才回答说:"我听说治国之道,使国君安定,使百姓得到治理,这是上策。"阖闾问:"国君安定,百姓治理,应采取怎样的方法?"伍子胥说:"凡是想国君安定,百姓治理,兴起霸主事业,成为天下之王,让周围各国顺从,让远方各国得到控制,一定要先建筑城池,设置守卫军备,充实粮仓,修筑兵库。这就是应采取的方法。"阖闾说:"好。建筑城池,设立仓库,需要因地制宜,难道还有根据天象气候的术数以威镇邻国的吗?"伍子胥说:"有。"阖闾说:"那我就委托你去筹划。"

伍子胥于是派人观察地理,尝试水质,取法天地形象,筑造了一座大城。全城周长四十七里,陆路有八个城门,取象天上八方来风;水路有八个城门,取法地上八方窗户。还筑造了一座小城,方圆十里,陆路有三个城门。没有在东面开设城门,是想以此断绝越国的光明。设立阊门,是取象天门通阊阖风。设立蛇门,是取象大地的门户。阖闾想向西消灭楚国,楚国在吴国的西北,所以在西北方设立阊门,为了畅通天的气数。因此阊门又叫做破楚门。阖闾想向东吞并越国,越国在吴国的东南,所以在东南方设立蛇门来控制敌国。吴国地处辰位,辰位属龙,所以小城南门仰起的瓦头上装饰了两条鲵鲩,取象龙角。越国地处巳位,巳位属蛇,所以大城南门上装饰了一条木制的蛇,蛇身向北,蛇头朝城里,表示越国属于吴国。

　　城池建成,仓库完备,阖闾又派伍子胥、屈盖馀、烛傭训练部队战术、骑马、射箭、防御等军事要领。因没有合适的武器,就请干将铸造了两把名剑。干将是吴国人,与欧冶子同在一个师傅门下,都擅长铸剑。越国向吴国进贡了三把剑,阖闾得到后当作宝贝,因而让干将也铸了两把:一把名叫干将,一把名叫莫耶。莫耶是干将的妻子。干将铸剑,采用五座名山上出产的最好的铁石,和天地四方的铜矿的精华,而等待、观察天地变化,在太阳、月亮都光照大地的时刻,众位神灵亲临观看,天象气候降临大地,可是炉中的铜、铁精英老是不熔化为流质,干将不知道是什么原因。莫耶说:"你以擅长铸剑而为吴王所知,他吩咐你铸剑,可你三个月还没有铸成,其中有天意吗?"干将说:"我不知道其中的道理。"莫耶说:"熔化神物,往往需要人去催化才能成功。现在你铸剑,莫非是也要得到人的催化才能成功?"干将说:"从前我师傅冶炼,有一次炉中的铜铁不熔合,他夫妻俩就一起跳到了冶炉中,然后才将东西铸成。所以他的后代直到今天,到山上冶炼,要束麻带穿草衣,然后才敢在山上铸造铜器。现在我铸剑不熔化,莫非也要像这样?"莫耶说:"师傅为了将东西铸成而熔化自身,我们又有什么为难的呢?"于是干将夫妻剪下头发、指甲,投到炉中,让三百个童女童男装上炭,鼓风吹火。这样铜铁才相互熔化在一起,然后铸成剑。阳剑取名干将,阴剑取名莫耶。阳剑上铸有龟甲图纹,阴剑上纹理漫乱。干将把阳剑藏起来,献出了阴剑。阖闾非常珍重。得到宝剑后,恰巧鲁国派大臣季孙来吴国访问,阖闾让掌管宝剑的大夫拿莫耶剑献给季孙。季孙将剑拔出,看到剑刃上有个米粒大的缺口,叹息说:"好啊,这把剑。即使中原诸国的工匠师傅,也无法超出这个水平!剑的铸成,预示吴国成为霸主。但剑刃上有缺口,则预示吴国将要灭亡。我虽然喜欢这把剑,难道可以接受吗?"季孙没有接受赠剑,离开了吴国。

　　阖闾既把莫耶剑当作宝贝,又命令在国内制造金钩,下令说:"谁能制造好钩,赏给他百金。"吴国能制造钩的人很多,其中一人贪求吴王的重赏,杀了自己的两个儿子,把他们的血涂在铜钩上,铸成了两把钩。他将钩献给阖闾,到王宫门口请求赏赐。吴王说:"吴国能制造钩的人很多,而只有你来请求赏赐,你的钩与其他人的钩有什么不同?"这个制造钩的工匠说:"我制造钩时,贪求赏赐,杀死了两个儿子,用血涂器,铸成了两把钩。"吴王于是举起许多钩给他看,问:"哪是你制造的?"吴王的钩非常多,而且外形类似,这个工匠不知自己的钩放在哪里。于是,这位造钩师傅对着钩喊两个儿子的名字:"吴鸿、扈稽,我在这里,大王不知道你们的神通。"喊声刚落,两把钩一起飞落到他们父亲的胸前。吴王大吃一惊,说:"啊!我实在是对不起你。"于是赏给这个工匠百金,就佩带这两把钩,时刻不离自身。

六月,吴国准备兴兵作战,恰巧楚国白喜来投奔。吴王阖闾问伍子胥:"白喜是怎样一个人?"伍子胥说:"白喜是楚国白州犁的孙子。楚平王杀了白州犁,白喜就逃了出来,听说我在吴国,才赶来投奔。"阖闾说:"白州犁犯了什么罪?"伍子胥说:"白州犁是楚国的左尹,号叫郤宛,在楚平王手下。楚平王喜欢他,常和他终日交谈,直到第二天早晨才吃饭。费无忌看见后嫉妒,就对平王说:'大王宠爱郤宛,这是全国都知道的,何不准备酒席,到郤宛家去一趟,让群臣看一下您对郤宛的厚爱。'平王说:'好。'于是在郤宛家准备酒席。费无忌又教唆郤宛说:'平王非常刚毅勇猛,喜欢兵器,你一定要先在堂下、门口、庭院陈列兵器。'郤宛信了他的话,就照着做了。等平王到了郤宛家,非常吃惊地说:'郤宛是什么样人?'费无忌说:'恐怕即将有篡逆、谋杀之忧,大王赶快离开,事情还不知会怎样。'平王非常愤怒,于是处死了郤宛。各国诸侯听说后,无不为之叹息。白喜听说我在吴国,所以来请求您接见。"阖闾会见白喜,问道:"我的国家地处偏远,东面临海。我侧面听说了你祖父遭遇楚王的暴怒、费无忌的谗言。你不辞遥远,来到我的国家,对我有什么指教吗。"白喜说:"我是楚国逃亡的犯人,祖父无罪,却横遭残害。我听说大王收留了穷困中的伍子胥,所以不远千里,前来归顺,只希望大王赐我效死的机会。"阖闾怜悯他,任命他为大夫,让他参谋国事。吴国大夫被离借出席宴会之机,问伍子胥:"你怎么刚见到白喜就相信了他呢?"伍子胥说:"我的怨仇与白喜相同,你没有听到过河上的歌谣吗?'同病相怜,同忧相救。被惊飞的鸟,相随着停在一起。沙石上急流下来的水,接着又汇入河水一起流去。胡地的马向着北风站立,越地的燕对着太阳而熙熙嚷嚷。谁不喜欢与自己命运相近的人,悲伤自己思念的人呢?"被离说:"您这说的都是表面的理由,难道有什么内心想法来消除疑虑吗?"伍子胥说:"我没有看出。"被离说:"我观察白喜的为人,目光像鹰,走步像虎,具有独揽功名、擅杀无辜的品性,不可亲近。"伍子胥对被离的话不以为然,仍与白喜一起为吴王效力。

　　阖闾二年,吴王阖闾杀死了僚之后,又担忧在邻国的庆忌,惟恐他会合诸侯来讨伐吴国。阖闾问伍子胥说:"从前专诸刺杀僚的事,你对我的情意太重了。现在听说公子庆忌有意利用诸侯,我吃饭尝不出味,睡觉也不安稳。我想把这事托付给你。"伍子胥说:"我这人不忠诚,品行不好,因而和大王您在暗室中图谋刺杀僚。现在您又要我去讨伐僚的儿子,恐怕不合上天的旨意。"阖闾说:"从前周武王讨伐商纣王,后来又杀掉了武庚,周人没有怨恨之色。如今的情况如同此理,怎能是不合天意呢?"伍子胥说:"我既然效力于大王,就要维护吴国的正统,我又害怕什么呢?我所看重的是一个地位低下的人,但我希望能让他去谋划。"阖闾说:"我担心的是对手有万人之力,岂是一个低贱的人所能图谋的?"伍子胥说:"这个低贱的人谋事,有万人之力。"阖闾说:"他是谁?你把他说给我听听。"伍子胥说:"这人姓要名离。我过去曾见他折服侮辱壮士椒丘欣。"阖闾说:"他是怎样侮辱的?"伍子胥说:"椒丘欣是东海一带的人,他为齐王出使吴国,路过淮河渡口,想在渡口饮马,渡口的官吏说:'水中有一个神灵,看到马就会出来,将马害死。您不要去饮马。'椒丘欣说:'壮士所担当的事情,什么神敢冒犯?'就让随从到渡口饮马,水神果然抢去了马,马沉没到水里。椒丘欣大怒,脱光衣服拿着剑,到水中找水神决斗,连续打了几天才出来,弄瞎了一只眼。然后到了吴国，正赶上朋友的丧事。椒丘欣仗着自己与水神搏斗的英勇，在朋友办丧事的酒席上，轻视在场的士大夫，言辞不逊，盛气凌人。要离坐在椒丘欣对面，在座的所有人都无法忍受椒丘欣夸耀勇力。这时要离就故意羞辱椒丘欣，他说：'我听说一个勇士作战，和太阳战不待日影移动，和鬼神战脚跟动也不动，和人战不出一点声音。活着去，死了回来，不受对方的侮辱。现在你在水中和神搏斗，死了马，丢了马夫，还瞎了一只眼。身体致残还敢称勇，这是勇士引以为耻的。不当场死在对方手下，而是贪恋自己的生命，还在我面前摆出骄傲的神色啊！'这样，椒丘欣被要离从头到尾一顿指斥，又恨又怒，准备晚上就去攻击要离。要离酒席结束回到家中，告诫妻子说：'我在大家举办丧事时侮辱了壮士椒丘欣，他含恨在心，充满怨怒，天晚一定会来，小心不要关我们的门。'到了夜里，椒丘欣果然前往，发现院门没有关。登上前堂，屋门也没有关。进入要离的卧室，没有防卫。要离披散着头发，僵直地躺着，一点也不害怕。椒丘欣于是就一手持剑，一手揪着要离说：'你有三个当死的过错，你知道吗？'要离说：'不知道。'椒丘欣说：'你在大庭广众面前侮辱我，这是第一该死；回家不关门，这是第二该死；睡觉不设防，这是第三该死。你有三条该死的罪过，要死就不能怨恨我。'要离说：'我没有三条该死的罪过,你却有三次不够勇士的羞愧,你知道吗?'椒丘欣说:'不知道。'要离说:'我在众人面前侮辱你,你却不敢回答,这是你第一条不够勇士;进门不咳嗽,进了堂屋不出声,这是第二条不够勇士;先拔出剑,再用手揪着我的头,才敢大声说话,这是第三条不够勇士。你有三条不够勇士,却来威吓我,难道不卑鄙啊?'于是,椒丘欣扔下剑叹息说:'我的勇猛,从来没有人敢轻视,可是要离却胜过了我,他是天下的壮士。'我听到的关于要离的事就是这些,都告诉您了。"阖闾说:"我愿设宴招待他。"

伍子胥于是去见要离,对他说:"吴王听说你高尚仗义,希望你到宫中去一次。"要离就与伍子胥一起见吴王。吴王问要离:"你是做什么的?"要离说:"我是国都以东千里地方的人。我渺小无力,迎风就僵卧,背风就趴倒,但如果大王有命令,我怎敢不尽力而为?"吴王内心责怪伍子胥推荐了这么一个人,默默地很久没有说话。要离就上前说:"大王是担心庆忌吧?我能杀了他。"吴王说:"庆忌的英勇,闻名于世。他筋骨刚劲,万夫莫挡。他能追上奔跑的野兽,用手抓住空中的飞鸟。浑身骨骼肌肉都像要飞腾似的,拍拍膝盖,一跑几百里。我曾经追他到江边,四匹马驾的车都赶不上他。用弓箭射他,箭都被他一下子接住,射不中他。如今你的力量比不了他。"要离说:"只要大王有意,我就能杀掉他。"吴王说:"庆忌是个明智的人,虽然穷途末路归依诸侯,但地位并不低于诸侯手下的武士。"要离说:"我听说安于自己妻儿家小的欢乐,不尽效力国君的义务,就是不忠诚。胸怀家室的爱,而不去清除国君的忧患,就是不义。我假装犯罪出逃,大王可杀掉我的妻子、孩子,砍断我的右手,庆忌就一定会相信我了。"吴王说:"那好吧。"

于是,要离假装犯罪逃了出去,吴王就抓来他的妻子、孩子,烧死后丢在街市上。要离于是逃到各诸侯国,散布怨言,天下人都知道他是无罪的。要离到了卫国,请求会见庆忌,见面后说:"阖闾无道,王子是很清楚的。现在他杀了我的妻子、孩子,把他们在街市上焚烧。他们没有罪,却被杀害。吴国的事情,我了解内情。愿借助王子的勇力,阖闾就可以擒获。您何不与我东行吴国一趟?"庆忌听信了要离的计谋。三个月之后,庆忌挑选训练了一批士兵,就动身去吴国。船将行至江中,要离力气小,就坐在上风,借助风势用矛钩住庆忌的帽子,顺着风力刺杀庆忌。庆忌回头三次甩开,揪住要离的头按在水中,又抓起放在膝上,说:"嘻嘻!真是一个天下勇士,竟敢刺杀我。"随从要杀要离,庆忌制止说:"此人是天下勇士,怎么可以一日之内连杀两个天下勇士呢!"于是就告诫随从说:"可以让他回吴国,以表彰他的忠心。"说完这些,庆忌就死了。要离乘船到了江陵,神情忧伤,不肯再往前走。随从的人问道："您怎么不走了？"要离说："杀死自己的妻子、孩子来效忠国君，这是不仁。为新国君杀死前任国君的儿子，这是不义。看重自己的生死，既不高贵，又无义。现在我贪恋生命，毁坏了自己的品行，这是不义。一个人在世上有这三种恶行，我有什么面目去见天下的士人？"说完，就跳进了江里。但没有淹死，随从的人又救出了他。要离说："我怎能不死呢！"随从说："您暂且不要去死，而等待接受爵位俸禄。"要离就自己弄断了手脚，伏剑自杀。

阖闾三年，吴国准备讨伐楚国，还没有出兵。伍子胥和白喜相互说："我们是吴王豢养的士人，为他出谋划策，有利于吴国，所以吴王愿意讨伐楚国，而且发出了命令，但又推诿其词，没有马上出兵的意思，怎么办呢？"过了不久，吴王问伍子胥、白喜："我准备出兵，你们二位觉得怎么样？"伍子胥、白喜回答说："我们愿意服从命令。"吴王心想这两个人都怨恨楚国，非常担心他们只是利用吴国军队毁灭楚国罢了。他登上高台，迎着南风长啸，过了一会又叹气，诸位大臣没人晓得吴王是什么意思。

伍子胥知道吴王是下了决心，就向他推荐了孙子。孙子名叫武，是吴国人。擅长兵法，深居简出，世人不知道他的才能。伍子胥明智而有见识，知道孙子有击退、消灭敌军的本领。于是有一天与吴王谈论军事，七次推荐孙子。吴王说:"伍子胥托辞推荐士人,实际是想重用自己。"因而召见孙子,考问兵法。孙子陈述一篇兵法,吴王不由自主地叫好,内心大为愉快。吴王问孙子:"你的兵法可以小试一下吗?"孙子说:"可以!可以用您后宫的妇女来小试一下。"吴王说:"好吧。"孙子说:"请允许我让大王宠爱的两个姬妾做军队队长,各带一队。"于是命令三百位后宫妇女披甲戴盔,拿着剑、盾站好。孙子告诉了她们军法,让她们随着鼓声进退,左右回转,并且讲明了军队禁令,于是下令说:"敲第一遍鼓,全体振足;第二遍鼓,拿起武器前进;第三遍鼓,摆出作战阵势。"听到这些,宫女们都捂着嘴笑。孙子亲自拿起鼓棰击鼓,三令五申,可宫女们仍旧嘻笑。孙子回头看到宫女们笑个不停,大怒,两眼忽然睁圆,声音犹如惊骇的老虎,怒发冲冠,脖子两边连接帽子的丝带都挣断了。他回头对执法官说:"拿斧和砧来!"孙子说:"纪律约束不分明,指挥号令不诚信,这是将领的罪过。既然已经用纪律约束,而且三令五申,最后仍不执行,这就是士兵的过错。按军法应如何处置?"执法官说:"当斩!"孙武就下令将两个队长处斩,这两人就是吴王宠爱的姬妾。吴王登上高台观看宫女们演练,正看到要斩自己宠爱的两个姬妾,急忙派人向孙子下令说:"我已经了解将军用兵的本事了。我要是没有这两个姬妾,吃饭都尝不出什么味,应当不斩她们。"孙子回答说:"我已经受命为将领,根据将法,在军队之中,即便国君有命令,臣可以不接受。"孙子又击鼓指挥。这时宫女们听令左右进退,规规矩矩回转,连眼也不敢眨,两队宫女寂静无声,没人敢四处张望。孙子于是向吴王报告说:"士兵已操练整齐,请大王检阅。现在这支部队随便大王怎么使用,就是要她们赴汤蹈火,也没什么困难了,进而可以平定天下。"吴王忽然不高兴,说:"我知道你擅长用兵,这虽然可以让我称霸,但无处施展。请你解散军队,回住处休息,我不想看了。"孙子说:"大王只是喜欢我的理论,并不愿实际运用。"伍子胥进谏说:"我听说战争是凶险的事情,不能凭空试验。所以治军如果诛杀征伐不能实行,就不能严明治军之道。现在大王诚心诚意寻求贤士,想发动战争讨伐残暴的楚国,以此称霸天下而威震诸侯。但如果没有孙武这样的将军,又有谁能够横渡淮水、泗水,跋涉千里去作战呢?"听完伍子胥一席话,吴王非常高兴,当即鸣鼓会合各路军队,集合进攻楚国。孙子担任将军,一举攻下舒,杀死吴国逃亡的将军——王僚的两个公子盖馀、烛傭。吴王想乘胜攻入楚都郢,孙子说:"百姓太劳顿,还不能依赖他们。"

楚国听说吴国任命孙子、伍子胥、白喜为将军,全国叫苦。大臣们都埋怨,都说是费无忌进谗言杀害了伍奢、白州犁，因而招来吴军侵入国境，寇盗不断发生，使楚国群臣有突然降临的灾祸。于是，司马成就对子常说："太傅伍奢、左尹白州犁，国民都不知道他们犯了什么罪，您却和大王合谋杀害了他们。国内流言诽谤，直到今天，这种言论还未绝迹，我对此实在困惑。听说仁爱的人，杀人以制止诽谤的事，都不做；现在您却杀人以招致国内诽谤，不也很奇怪吗！费无忌是楚国的一张谗害贤良的恶嘴，但百姓并不了解他的罪过。现在无辜杀死三位贤士，因此与吴国结仇。这样做对内伤了忠臣的心，对外为邻国所耻笑。况且郤、伍两家逃到了吴国。吴国新添了伍子胥、白喜，依仗威势，磨砺志向，与楚国结仇，所以强大的敌军一天天可怕。一旦楚国发生战事，您也就危险了。聪明的人除掉谗佞小人以保全自己，愚蠢的人听信谗言以自取灭亡。现在您听信谗言，国家因此危险了。"子常说："这是我过去的罪过，怎敢不有所考虑？"九月，子常协助昭王杀死费无忌，并诛灭了他的家族，国民才停止诽谤。

吴王有个女儿叫滕玉。吴王因正在考虑进攻楚国的事，所以在与夫人及女儿一起吃蒸鱼时，将一条鱼先尝了一半，又给女儿吃。他女儿恼怒地说："大王将吃剩的鱼给我吃，是侮辱我，我不忍再活下去。"就自杀了。吴王悲痛她的死，把她葬在国都西郊阊门外边。挖了墓坑，堆土作坟，用雕有图案的石材做外棺，内棺采用黄肠题凑葬式，金鼎、玉杯、银樽、珠襦等宝物都用来随葬女儿。送葬时，在吴都街上舞白鹤，让百姓跟随着观看，还让一男一女和白鹤一起进入墓门，然后触发机关，将墓门关闭。吴王杀活人陪葬死人，遭到国人的非难。

湛卢剑憎恨阖闾残无人道，就离开了阖闾，沿着水路到了楚国。楚昭王睡觉醒来，在床上发现了吴王的湛卢剑。楚昭王不知其中缘故，就召来风湖子问道："我睡觉醒来发现了这把宝剑，但不知它叫什么名，这是什么剑？"风湖子说："这叫湛卢剑。"楚昭王说："根据什么说的？"风湖子说："我听说吴王得到了越国进贡的三把宝剑，第一把叫鱼肠剑，第二把叫磐郢剑，第三把叫湛卢剑。鱼肠剑已被用于刺杀吴王僚，磐郢剑陪葬了吴王阖闾死去的女儿，现在湛卢剑又到了楚国。"楚昭王说："湛卢剑离开阖闾的原因是什么？"风湖子说："我听说越王元常让欧冶子铸造了五把剑，拿给薛烛看，薛烛回答说：'鱼肠剑纹理杂乱，不可佩戴。大臣用它谋杀国君，儿子用它谋杀父亲。'因此阖闾用鱼肠剑刺杀吴王僚。一把叫磐郢剑，也叫豪曹剑，是不法之物，对人无益，所以用它陪葬死者。一把叫湛卢剑，金属的英华，太阳的精粹，寄托着神灵之气，所以拔剑有神，佩戴有威，可以击退侵犯，抗拒敌人。然而一旦国君有违背情理的阴谋，这剑即刻出走,所谓离开无道之君,归依有道之君。现在阖闾无道,杀害了自己的国君,又妄图进攻楚国,所以湛卢剑就到了楚国。"楚昭王说:"这剑能值多少?"风湖子说:"我听说这剑在越国时,曾有人出价三十个有集市的乡、一千匹骏马、两个人口万户的都市,而且这只是购买者中的一个。薛烛当时回答说:'已经让赤堇山没有云,若耶溪的水深不可测,群臣都上天,欧冶子也死了。'即使是价值倾城的黄金,满河的珠宝玉石,尚且不能得到这件宝贝,何况有集市的乡、千匹骏马、人口万户的城市,哪值得提起?"楚昭王非常高兴,把湛卢剑当作宝贝。阖闾听说楚王得到了湛卢剑,因此大发雷霆,就派孙武、伍子胥、白喜率兵攻打楚国。伍子胥暗地派人在楚国扬言说:"楚国如果任用子期做将军,我就抓住杀掉他;如果是派子常指挥战争,我就撤退。"楚王听到这消息,就任用子常为将,撤换了子期,结果吴国军队攻下了楚国六邑和潜邑两个城邑。

阖闾五年,吴王阖闾因为越国不派兵随吴军讨伐楚国,向南讨伐越国。越王元常说:"吴王不信守先前的盟约,抛弃向自己进贡的国家,消灭亲近自己的邻邦。"阖闾对他的说法不以为然,遂派兵进攻,攻下了越国的㰤里。

阖闾六年,楚昭王派公子囊瓦讨伐吴国,报复吴国侵占潜邑、六邑之战。吴国派伍子胥、孙武迎击他们,将楚军围困在豫章。吴王对伍子胥、孙武说:"我想乘楚国的危机进入楚国都城,攻破郢都,如果不能进入郢都,你们二位有什么功劳?"于是吴军将楚军围困在豫章,大败楚军。接着又包围巢,攻克了它,俘虏了楚公子繁,把他带回吴国,当作人质。

阖闾九年,吴王对伍子胥、孙武说:"当初你们说还不能攻入郢都,现在看来到底怎么样?"二位将军说:"作战,凭借着胜利的气势摆威风,不是常胜之道。"吴王说:"这话怎么讲?"二位将军说:"楚国军队是天下强敌。现在让我们和他们交锋,那是十死一生。而大王进入郢都,是天意。我们不敢认为一定实现。"吴王说:"我想再次进攻楚国,怎样才能取得成功呢?"伍子胥、孙武说:"囊瓦为人贪婪,多次得罪诸侯,因而唐、蔡两国都恨他。大王如一定要攻打楚国,必先得到唐、蔡两国的支持才行。"吴王说:"唐、蔡两国有何怨恨?"二位将军说:"从前蔡昭公到楚国朝觐,带着两件漂亮的裘衣,两枚上等的玉佩,各把一件献给了楚昭王。楚昭王穿戴着上朝,蔡昭公自己穿戴着另一件。子常想要,蔡昭公不给,子常于是将蔡昭公扣留了三年,不让他回国。唐成公到楚国朝觐,带有两匹漂亮的马,子常想要,唐成公不给,子常也扣留了他三年。唐国人相与谋划,从唐成公的随从那里得到马,用来赎回成公。他们请唐成公的随从喝酒,将他们灌醉,偷出马来献给子常,子常这才让唐成公回国。唐国群臣非议唐成公说:'大王为了一匹马的缘故,让自己被囚禁了三年,希望奖赏偷马者的功劳。'因此,唐成公常想着报复楚国,君臣未曾停止过议论。蔡国人听到唐国赎回唐成公的消息,坚决请求把裘衣、玉佩献给子常,蔡侯才得以回国。蔡国到晋国诉说了自己的遭遇,用子元和太子做人质,请求晋国出兵讨伐楚国。所以说,得到唐、蔡两国的支持就可以进攻楚国。"

  吴王于是派使者对唐、蔡两国国君说:"楚王行为无道,残杀忠臣,侵占诸侯国的土地,囚禁侮辱两位国君。我想出兵讨伐楚国,希望两位国君提供计谋。"唐侯让儿子乾到吴国作人质,三国共同谋划讨伐楚国。吴军在淮河水湾驻扎军队,从豫章和楚军隔着汉水对阵。子常于是率楚军渡过汉水,摆下阵势,从小别山一直部署至大别山。楚军连吃三次败仗,子常知道无法取胜,就想逃走。史皇说:"你子常和大王无缘无故杀害了三位忠臣,上天降下灾祸,是大王招来的。"子常没有应声。十月,楚国两支军队在柏举摆下阵势。阖闾的弟弟夫概一早起来向阖闾请战说:"子常不仁爱,贪婪而少恩惠,他的臣下都不愿意为他拼命,现在派兵追击,一定能打败他。"阖闾没有答应。夫概说:"所谓臣下根据自己的志向行事，不必等待命令，说的就是这种情况。"于是就带着自己的五千部众进攻子常，楚军大败，子常逃奔郑国，楚军大乱。吴军乘势击溃楚军。楚军还未渡过汉水，正在吃饭，吴军就追击到雍滞打败他们。吴军经过五次交战，一直攻到了郢都。

　　楚王被吴军追逼，逃出郢都，将要逃亡，和妹妹季芈取道河水、滩水之间出走，楚大夫尹固与楚王同船离去。吴军于是进入郢都，搜索楚昭王。楚昭王徒步渡过滩水，又渡过长江，进入云中。晚上宿歇，一群强盗袭击昭王，用戈砍昭王的头。大夫尹固为掩护昭王，用背去挡，被砍中了肩膀。昭王害怕，又逃奔郧国，大夫种建背着季芈跟在后面。郧公辛得到楚昭王，非常高兴，打算送他回国。辛的弟弟怀愤怒地说："楚昭王是我们的仇敌。"怀要杀掉楚昭王，对哥哥辛说："过去楚平王杀了我们的父亲，现在我杀他的儿子，不也是可以的吗？"辛说："国君讨伐他的臣下，谁敢仇恨他？乘人之危，这是不仁；毁灭宗族，废弃祭祀，这是不孝；行动没有正当的名义，这是不明智。"怀的怒气仍未消解。辛就暗中和三弟巢保护楚王逃奔随国。吴军紧追不舍，对随国国君说："封在汉水流域的周王室后裔，都被楚消灭了。这是上天报复他们为灾祸，降罚于楚国，您为何还把楚王当作宝？周王室有什么罪过，您要隐藏他的贼子？如能交出楚昭王，即刻给予重赏。"随君为将楚昭王交给吴王的事占卜，结果不吉利，于是辞谢吴王说："如今随国偏僻狭小，又紧挨着楚国，楚国确实保全了我们。随、楚两国有盟约，至今未改，怎能因为目前有了危难，就背弃盟约？如今权且稍安勿躁，楚国岂敢不从命？"吴军赞赏随君的答辞，就撤退了。这时，大夫子期虽然和楚昭王一起逃亡，但暗地里却和吴军做交易，想出卖昭王。昭王事先听到风声，才得以逃免，当即割下子期的心和随君结盟，然后离去。

吴王进入郢都，停留下来。伍子胥因为抓不到楚昭王，就掘开楚平王的墓，挖出他的尸体，抽了三百鞭，用左脚踏着平王的肚子，右手抉他的眼睛，讥诮说："谁让你信用那张谗陷阿谀的嘴，杀死我的父亲、哥哥，他们岂不冤枉！"就让阖闾娶了楚昭王的夫人，伍子胥、孙武、白喜也分别娶了子常、司马成的妻子，以此侮辱楚国君臣。随后，吴军就移兵攻打郑国。郑定公先前杀了楚太子建，而且逼迫伍子胥。吴军要攻打郑国的消息传来后，郑定公非常害怕，就在全国下令说："有谁能让吴军退兵，我和他分国而治。"有一个渔夫的儿子前来应募说："我能退吴军。我不用一尺兵器、一斗粮食，只要有一只船桨，走在路上唱着歌，吴军就会撤退。"郑定公就给了渔夫的儿子一只船桨。伍子胥的军队将要到达郑国，渔夫的儿子站在路中,敲着船桨唱道:"芦中人!"这样唱了两次。伍子胥听到后,大为惊愕,说:"什么人?"又让问道:"您到底是谁?"渔夫的儿子回答说:"我是渔父的儿子。我国国君恐怖,下令全国:有谁能让吴军撤退,就和他分国而治。我念及先父曾和您在途中相逢,现在乞求您保全郑国。"伍子胥叹息说:"可悲啊!我蒙受你父亲的恩惠,才有了今天,上天苍苍,我怎么敢忘记呢。"于是,就放过了郑国,回师守住楚国,搜寻楚昭王藏身的地方,一天比一天急。

申包胥在山中逃亡,听到有关楚国的消息后,就派人对伍子胥说:"你这样报仇,岂非太过分了吗!你是已故平王的臣下,曾经北面为臣,侍奉过他,现在却去侮辱他的尸体,岂不是做绝了人道吗?"伍子胥说:"替我辞谢申包胥说:我的处境好像天要黑了而路途还很遥远,所以只能在途中倒行逆施。"申包胥知道不能说服伍子胥,就到秦国去,请求援救楚国。申包胥昼夜奔驰,脚后跟、脚掌都裂开了,撕裂衣裳裹住膝盖,鹤立在秦王庭院哭泣,七天七夜哭声不绝。秦桓公平素沉溺于酒,不关心国事。申包胥哭罢又唱道:"吴王行为无道,就像大猪、长蛇,一再吞食中原各国,想占有天下的野心,正是从楚国开始。我们国君流亡在草林丛泽中,派我前来告急。"这样连续七天。秦桓公大为惊讶:"楚国有这样的贤臣,吴国还想消灭它。我没有这样的贤臣,大概离灭亡不远了。"于是为申包胥赋《无衣》诗道:"岂曰无衣,与子同袍。王于兴师,与子同仇。"申包胥说:"我听说乖戾之德贪得无厌,大王不为邻国战场上的灾患担忧,也应趁着吴国在楚国立足未稳,前去获取一份利益。如果楚国就此灭亡,对秦国有什么好处?那也是失掉了大王的土地。希望大王看在神灵的份上,出兵保全楚国,楚国将世世代代侍奉秦大王。"秦桓公派人致辞申包胥说:"我听到您的指教了,您姑且到宾馆安歇,我们要商量一下再答复您。"申包胥说:"我们国君至今仍在荒郊野外,还没有找到他的藏身之处,我哪敢就去安歇?"仍旧站在秦庭,依着墙哭号,日夜哭声不断,连口水也不喝。秦桓公被感动得流下了眼泪,立即派出军队送申包胥回国。

阖闾十年,秦国还未出兵,越王元常恨阖闾攻占了越国的檇里,发兵进攻吴国。这时吴军还在楚国,越国趁机偷袭他们。六月,申包胥带着秦国军队回到楚国,秦国派公子子蒲、子虎率领五百乘战车救援楚国,攻击吴军。二位公子说:"我们不了解吴军的战术。"于是让楚军先和吴军交战,随即秦军参战,大败吴将夫概。七月,楚司马子成、秦公子子蒲和吴王对峙,楚国偷偷地派兵讨伐唐国,灭掉了它。伍子胥率部滞留楚国寻找楚昭王,迟迟不撤兵。夫概军队战败退逃。九月,夫概潜回吴国，自立为吴王。阖闾得知消息，就放弃了与楚军的战斗，准备赶回去处死夫概。夫概逃奔楚国，楚昭王把他封在棠溪。阖闾也就回到吴国。伍子胥、孙武、白喜留在楚国，和楚军在淮水、滋水一带作战。秦军再次击败吴军，楚将子期想趁机火烧吴军。子西说："我国父老兄弟投身战场，暴骨荒郊野外，还没有收尸，又要焚烧，这样可以吗？"子期说："国家灭亡，百姓流离，生死存亡，何必再为了爱惜死者的尸骨，而让活着的人去送死。死者如果有知，一定会乘着烧吴军的烟雾，起来帮助我们。死者如果无知，草中的尸骨有什么可惜，而且这样做是为了使吴国灭亡。"于是放火进攻吴军，吴军大败。伍子胥等人商议说："楚国虽然打败了我们留下的军队，但对我们没有什么损害。"孙武说："我们用吴国精兵西征攻破楚国，赶跑了楚昭王，掘开楚平王的墓，割戮他的尸体，也已经够了。"伍子胥说："自从诸侯称霸为王以来，还没有一个臣下能这样报仇的。撤离吧。"

吴军撤离后，楚昭王返回楚国。乐师扈子指责楚王听信小人谗言，杀害了伍奢、白州犁，致使敌人不断侵犯边境，以至于掘开平王墓，鞭戮尸体，奸淫楚国君臣的妻子，以侮辱楚国君臣。又哀怜昭王被逼得走投无路，几乎被天下人大为鄙视，然而已知道愧疚了。扈子拿起琴，为楚王作了《穷劫曲》，以感伤国君从困厄到畅达的经历。歌词写道:"大王啊,大王啊,多么乖戾无常,不为宗庙着想,而去听信谗佞小人。任用费无忌,乱杀无辜,几乎诛灭了白氏家族。伍子胥、白喜二人逃到东边的吴越,吴王哀怜他们的悲惨遭遇,流泪发兵西伐楚国,任用伍子胥、白喜、孙武统率军队决战。吴军三战即攻陷郢都,大王逃奔外地。吴国留在楚国的军队纵兵毁坏楚国宫殿,楚平王的尸骨被发掘出来。已朽的尸骨受到鞭抽之辱,此种耻辱,难以洗雪。而且几乎危及宗庙,导致社稷覆灭。大王有何罪过,使得国家几近灭亡。卿大夫士为之悲哀,百姓为之难过。吴军虽然撤走了,但心里的恐怖并未停歇。希望大王改正错误,安抚忠臣节士,不要再听信谗言的诽谤。"楚昭王流下了眼泪,深深领会了琴曲包含的感情,扈子就不再弹奏了。

伍子胥等经过溧阳境内的濑水时,伍子胥长叹说:"我曾经在此地受饿,向一位女子讨饭吃,她给了我饭吃,然后就投水自尽。"伍子胥想用百金作为报答,但不知道这位女子家在何处,就将金投到水中离去。过了不久,一位老妇人一路哭着走来,别人问她说:"为什么哭得这样伤心?"她说:"我有个女儿,三十岁了还守在家里不嫁人,往年曾在这儿捶绵絮,遇到一位穷途困迫的先生,就把饭给他吃了,而后恐怕事情泄漏,投濑水自尽。我刚听说伍先生来了,但没有得到他的报偿,可怜我女儿白白死去，所以感到悲伤。"人们告诉她："伍子胥想用百金作为报答，但不知那位女子的家，就将金投到水中离去了。"老妇人于是从水中取出金回去了。

伍子胥回到吴国，吴王听说三军将要抵达国都，亲自烹制鱼鲙。在原定到达国都的那天，过了预定时间还没到，结果烧好的鲙臭了。不久，伍子胥到达，吴王端出鲙请伍子胥吃，不知道已经变臭。吴王又重新去做，味道跟原来的一样。吴人作鲙，就是从吴王阖闾开始的。

将军们从楚国撤回后，吴国就将阊门更名为破楚门。吴国又谋划攻打齐国，齐国国君派女儿到吴国作人质，吴王就为太子波娶了这位齐女。齐女年少，思念故国，日夜哭泣，因此生病。阖闾于是建造了一座北门，名叫望齐门，让齐女到上边游玩。齐女仍思乡不止，病情不断加重，竟一命呜呼。齐女临终前说："假使死去的人有知觉，一定要把我埋在虞山顶上，以眺望齐国。"阖闾很悲伤，就按她的遗言，把她埋在虞山顶上。这时，太子也因病去世。阖闾考虑在诸位公子中选择一位可以立为太子的，但还没有确定的想法。波的太子夫差白天黑夜地告诉伍子胥说："大王要立太子，除了我还有谁该立？这事的谋划就在您了。"伍子胥说："太子还没有确定，等我进宫见大王就会决定了。"不久阖闾召见伍子胥，商议确立太子。伍子胥说："我听说宗庙祭祀，因没有后嗣而废绝,因有后嗣而兴旺。现在太子去世,过早放弃了侍御之责。大王要立太子,没有比波的儿子夫差更合适的了。"阖闾说:"夫差愚笨,不仁义,恐怕不能承续吴国大统。"伍子胥说:"夫差守信爱人,操守端正,礼义敦厚,而且父亲死了儿子代立,这是经典明文规定的。"阖闾说:"我听从您的意见。"于是立夫差为太子,派他在楚地屯兵守卫。阖闾自己则营造宫室,在安里建造了射台,在平昌建造了华池,在长乐建造了南城宫。阖闾出入这些地方游玩、休息,秋冬在城内处理政事,春夏则移到城外。阖闾还建造了姑苏台,早晨在鉏山吃饭,白天在姑苏台游玩。在鸥陂射猎,在游台跑马,在石城玩乐,在长洲驱狗射猎。这一时期正是阖闾称霸的时候。太子确定之后,吴国就又派兵进攻楚国,击败楚军,占领了楚国的番。楚王惧怕吴军再次侵犯,就离开郢,将国都迁到鄀若。这一时期,吴国靠着伍子胥、白喜、孙武的谋划,西边击败了强大的楚国,北边威胁齐国、晋国,南边攻打越国。

夫 差 内 传

夫差(？—前473)，春秋末年吴国君。吴王阖闾之子。公元前495—前473年在位。夫差在位期间，正是吴国由盛到衰的时期。夫差穷兵黩武，连年征战。先是征服越国，后又在江淮间开挖邗沟，与晋国会盟，争霸中原。夫差刚愎自用，听信谗佞之言，放松了对越国的警惕，杀掉了忠言直谏的伍子胥、公孙圣。最后吴国被越国攻破，夫差狼狈出逃，自杀身亡，给后人留下了深刻的教训。

本篇内容与《史记》、《国语》、《左传》等书的记载基本相符，但是在叙事过程中搀杂进许多传说故事，如"占梦"、"白日幻影"等，虽说是荒诞不经的小说家之言,但内容生动、丰富,具有浓厚的文学色彩。

十一年,夫差北伐齐,齐使大夫高氏谢吴师曰:"齐孤立于国,仓库空虚,民人离散。齐以吴为强辅,今未往告急,而吴见伐①。请伏国人于郊②,不敢陈战争之辞,惟吴哀齐之不滥也③。"吴师即还。

十二年,夫差复北伐齐。越王闻之,率众以朝于吴,而以重宝厚献太宰嚭④。嚭喜受越之赂,爱信越殊甚,日夜为言于吴王。王信用嚭之计。伍胥大惧,曰:"是弃吾也。"乃进谏曰:"越,在心腹之病,不前除其疾,今信浮辞伪诈而贪齐。破齐,譬由磐石之田⑤,无立其苗也。愿王释齐而前越。不然,悔之无及。"吴王不听,使子胥使于齐,通期战之会。子胥谓其子曰:"我数谏王,王不我用,今见吴之亡矣。汝与吾俱亡,亡无为也。"乃属其子于齐鲍氏而还⑥。太宰嚭既与子胥有隙,因谮之曰:"子胥为

---

① 见伐:施加征伐,讨伐的意思。见,施加。 ② 请:请求对方允许。伏:使跪拜。 ③ 不滥:没有不合规矩的行为。 ④ 嚭(pǐ匹):即《阖闾内传》中的白喜。 ⑤ 磐石之田:布满大石的田地。磐石,大石。 ⑥ 属:通"嘱"。齐鲍氏:齐国贵族鲍家,是鲍叔牙的后裔。伍子胥所嘱托的是鲍牧。

强暴力谏①,愿王少厚焉。"王曰:"寡人知之。"未兴师,会鲁使子贡聘于吴②。

十三年,齐大夫陈成恒欲弑简公,阴惮高、国、鲍、晏,故前兴兵伐鲁。鲁君忧之。孔子患之,召门人而谓之曰:"诸侯有相伐者,丘常耻之③。夫鲁,父母之国也,丘墓在焉。今齐将伐之,子无意一出耶?"子路辞出,孔子止之。子张、子石请行,孔子弗许。子贡辞出,孔子遣之。

子贡北之齐,见成恒,因谓曰:"夫鲁者,难伐之国,而君伐,过矣④。"成恒曰:"鲁何难伐也?"子贡曰:"其城薄以卑,其池狭以浅,其君愚而不仁,大臣无用,士恶甲兵,不可与战。君不若伐吴。夫吴,城厚而崇,池广以深,甲坚士选,器饱弩劲,又使明大夫守之,此易邦也。"成恒忿然作色,曰:"子之所难,人之所易;子之所易,人之所难。而以教恒,何也?"子贡曰:"臣闻君三封而三不成者,大臣有所不听者也。今君又欲破鲁以广齐,隳鲁以自尊⑤,而君功不与焉。是君上骄主心⑥,下恣群臣,而求以成大事,难矣。且夫上骄则犯,臣骄则争,此君上

---

① 为:替。强暴:指齐国是强暴之国。 ② 子贡:孔子弟子。姓端木,名赐,字子贡。 ③ 丘:孔子以名自称。 ④ 过:错误。 ⑤ 隳(huī灰):毁坏。 ⑥ 主心:原脱,据《越绝书》、《史记·仲尼弟子列传》补。

于王有邆①,而下与大臣交争,如此则君立于齐,危如累卵②。故曰不如伐吴。且吴王刚猛而毅,能行其令,百姓习于战守,明于法禁,齐遇为擒,必矣。今君悉四境之中③,出大臣以环之④,人民外死,大臣内空,是君上无强敌之臣,下无黔首之士⑤。孤主制齐者,君也。"陈恒曰:"善。虽然,吾兵已在鲁之城下矣,吾去之吴,大臣将有疑我之心,为之奈何?"子贡曰:"君按兵无伐,请为君南见吴王,请之救鲁而伐齐,君因以兵迎之。"陈恒许诺。

子贡南见吴王,谓吴王曰:"臣闻之,王者不绝世,而霸者无强敌。千钧之重,加铢而移⑥。今万乘之齐⑦,而私千乘之鲁,而与吴争强,臣窃为君恐焉。且夫救鲁,显名也;伐齐,大利也。义存亡鲁,害暴齐而威强晋,则王不疑也⑧。"吴王曰:"善。虽然,吾尝与越战,栖之会稽,入臣于吴,不即诛之。三年使归。夫越君贤主,苦身劳

————————

① 邆:据《越绝书》、《史记·仲尼弟子列传》,当作"郤",与"隙"同。 ② 累卵:堆垒起来的蛋,极易倾倒打碎,比喻非常危险。 ③ 悉:全部征用。四境之中:指全国人民。 ④ 环:通"擐",擐甲,穿上铠甲去作战。 ⑤ 黔首:庶民、平民。 ⑥ 铢:古代重量单位,二十四铢为一两。 ⑦ 乘(shèng 圣):四马一车为一乘,这里指一辆战车。按周代制度,王畿千里,战车万乘,诸侯百里,战车千乘。这里指齐国曾称霸为王,是战车万乘的大国;鲁国仍是一般诸侯国,所以称"千乘之鲁"。 ⑧ 王(wàng 望):动词,称王天下。

力,夜以接日,内饰兵政,外事诸侯,必将有报我之心。子待我伐越而听子。"子贡曰:"不可。夫越之强,不过于鲁;吴之强,不过于齐。王以伐越而不听臣,齐亦已私鲁矣。且畏小越而恶强齐,不勇也。见小利而忘大害,不智也。臣闻仁人不因居以广其德①,智者不弃时以举其功,王者不绝世以立其义。且夫畏越如此,臣诚东见越王,使出师以从下吏②。"吴王大悦。

子贡东见越王,王闻之,除道郊迎,身御至舍,问曰:"此僻狭之国,蛮夷之民③,大夫何索然若不辱④,乃至于此?"子贡曰:"君处,故来⑤。"越王勾践再拜稽首,曰:"孤闻祸与福为邻,今大夫之吊,孤之福矣。孤敢不问其说?"子贡曰:"臣今者见吴王,告以救鲁而伐齐,其心畏越。且夫无报人之志,而使人疑之,拙也。有报人之意,而使人知之,殆也。事未发而闻之者,危也。三者,举事之大忌也。"越王再拜,曰:"孤少失前人,内不自量,与吴人战,军败身辱,遁逃,上栖会稽,下守海滨,唯鱼鳖见矣。今大夫辱吊而身见之⑥,又发玉声以教孤,孤赖天之

---

① 因居:《越绝书》作"困厄"。 ② 下吏:下级官吏。从下吏,随从充任下吏。这是对吴王表示尊敬的一种辞令。 ③ 蛮夷:泛称东南少数民族,所谓南蛮东夷。 ④ 索然:没有兴趣的样子。这里是毫不在意的意思。 ⑤ 君处:不通,《越绝书》作"吊君",当从。 ⑥ 辱吊:有辱而来吊。

赐也,敢不承教?"子贡曰:"臣闻明主任人不失其能,直士举贤不容于世。故临财分利则使仁,涉患犯难则使勇,用智图国则使贤,正天下定诸侯则使圣。兵强而不能行其威势,在上位而不能施其政令于下者,其君几乎①?难矣!臣窃自择可与成功而至王者,惟几乎②?今吴王有伐齐晋之志。君无爱重器以喜其心③,无恶卑辞以尽其礼。而伐齐,齐必战。不胜,君之福也。彼战而胜,必以其兵临晋。骑士锐兵弊乎齐,重宝车骑羽毛尽乎晋④,则君制其余矣。"越王再拜,曰:"昔者,吴王分其民之众以残吾国,杀败吾民,鄙吾百姓,夷吾宗庙,国为墟棘,身为鱼鳖⑤。孤之怨吴,深于骨髓;而孤之事吴,如子之畏父,弟之敬兄。此孤之死言也⑥。今大夫有赐,故孤敢以报情。孤身不安重席⑦,口不尝厚味,目不视美色,耳不听雅音,既已三年矣。焦唇干舌,苦身劳力,上事群臣,下养百姓。愿一与吴交战于天下平原之野,正身臂而奋吴⑧,越之士继踵连死,肝脑涂地者,孤之愿也。思之三年,不可得也。今内量吾国不足以伤吴,外事诸

---

① 几:危险。 ② 惟几乎:《越绝书》作"其惟臣几乎"。
③ 重器:国家的宝物。 ④ 羽毛:指用羽毛做的旗帜。
⑤ 为鱼鳖:即上文所谓"唯鱼鳖见矣"。 ⑥ 死言:誓死之言。
⑦ 重席:铺两层席子。 ⑧ 正身臂:《越绝书》作"整襟交臂"。
奋:震动。

侯而不能也。愿空国①，弃群臣，变容貌，易姓名，执箕帚，养牛马以事之。孤虽知要领不属②，手足异处，四支布陈③，为乡邑笑，孤之意出焉。今大夫有赐，存亡国，举死人，孤赖天赐，敢不待令乎？"子贡曰："夫吴王为人，贪功名而不知厉害④。"越王愃然避位⑤。子贡曰："臣观吴王为数战伐，士卒不恩⑥，大臣内引⑦，逸人益众。夫子胥为人，精诚中廉，外明而知时，不以身死隐君之过，正言以忠君，直行以为国，其身死而不听。太宰嚭为人，智而愚，强而弱，巧言利辞以内其身⑧，善为诡诈以事其君，知其前而不知其后，顺君之过以安其私，是残国伤君之佞臣也⑨。"越王大悦。子贡去，越王送之金百镒、宝剑一、良马二⑩，子贡不受。

至吴，谓吴王曰："臣以下吏之言告于越王⑪，越王大恐，曰：'昔者，孤身不幸，少失前人，内不自量，抵罪与吴。军败身辱，遁逃出走⑫，栖于会稽，国为墟莽，身为鱼

---

① 空国：空有国家，暂时不做国君。　② 要领：指腰、颈。属：连接。　③ 支：同"肢"。　④ 厉害：祸害。　⑤ 愃（zào造）：猝然，慌忙的样子。避位：指离开座位，表示谦恭的态度。　⑥ 恩：《国语》作"息"。　⑦ 内引：引退。　⑧ 内：同"纳"。　⑨ 佞（nìng泞）臣：善于花言巧语、阿谀奉承的大臣。　⑩ 镒：古代重量单位。二十两为一镒，一说二十四两为一镒。　⑪ 下吏之言：即上文子贡所说"使出使以从下吏"的承诺。　⑫ 遁：逃亡。

鳖。赖大王之赐，使得奉俎豆①，修祭祀，死且不敢忘，何谋之敢？'其志甚恐，将使使者来谢于王。"子贡馆五日，越使果来，曰："东海役臣勾践之使者臣种，敢修下吏，少闻于左右②：昔孤不幸，少失前人，内不自量，抵罪上国，军败身辱，遁逃会稽，赖王赐得奉祭祀，死且不忘。今窃闻大王兴大义，诛强救弱，困暴齐而抚周室，故使贱臣以奉前王所藏甲二十领，屈卢之矛、步光之剑③，以贺军吏。若将遂大义，弊邑虽小，请悉四方之内士卒三千人以从下吏。请躬被坚执锐，以前受矢石，君臣死无所恨矣。"吴王大悦，乃召子贡曰："越使果来，请出士卒三千，其君从之，与寡人伐齐。可乎？"子贡曰："不可。夫空人之国，悉人之众，又从其君，不仁也。受币，许其师，辞其君，即可。"吴王许诺。

　　子贡去晋，见定公曰："臣闻虑不预定，不可以应卒④。兵不预办，不可以胜敌。今吴、齐将战，战而不胜，越乱之必矣。与战而胜，必以其兵临晋，君为之奈何？"定公曰："何以待之？"子贡曰："修兵伏卒以待之。"晋君许之。

---

① 俎（zǔ祖）豆：古代祭祀用的两种礼器。　② 左右：以国君身旁执事来尊称国君。此称吴王。　③ 屈卢：矛名。步光：剑名。　④ 卒（cù促）：通"猝"。指仓猝、突然。

子贡返鲁,吴王果兴九郡之兵,将与齐战。道出胥门,因过姑胥之台①,忽昼假寐于姑胥之台而得梦②,及寤而起,其心怗然怅焉。乃命太宰嚭,告曰:"寡人昼卧有梦,觉而怗然怅焉。请占之,得无所忧哉?梦入章明宫,见两鬲蒸而不炊③,两黑犬嗥以南嗥以北,两铻殖吾宫墙④,流水汤汤越吾宫堂⑤,后房鼓震箧箧有锻工⑥,前园横生梧桐。子为寡人占之。"太宰嚭曰:"美哉!王之兴师伐齐也。臣闻章者,德锵锵也。明者,破敌声闻,功朗明也。两鬲蒸而不炊者,大王圣德气有余也。两黑犬嗥以南嗥以北者,四夷已服,朝诸侯也。两铻殖宫墙者,农夫就成,田夫耕也。汤汤越宫堂者,邻国贡献,财有余也。后房箧箧鼓震有锻工者,宫女悦乐,琴瑟和也。前园横生梧桐者,乐府鼓声也。"吴王大悦,而其心不已。召王孙骆问曰:"寡人忽昼梦,为予陈之。"王孙骆曰:"臣鄙浅于道,不能博大,今王所梦,臣不能占。其有所知者,东掖门亭长长城公弟公孙圣⑦。圣为人少而好游,长而好学,多见博观,知鬼神之情状,愿王问之。"王乃遣王

---

① 姑胥之台:又称姑苏台,吴王阖闾所建。 ② 假寐:不脱衣服睡。 ③ 鬲(lì历):鬲、镉、鼎之类饮事器具。 ④ 铻(wú吴):刀名。 ⑤ 汤汤(shāng商):大水激流貌。 ⑥ 箧(qiè惬)箧:形容风箱鼓风声响。 ⑦ 东掖门:吴宫东边的旁门。亭长:官职名,这里相当守门官吏。长城公:其人未详。

孙骆往请公孙圣曰："吴王昼卧姑胥之台,忽然感梦,觉而怅然,使子占之,急诣姑胥之台。"公孙圣伏地而泣,有顷而起。其妻从旁谓圣曰："子何性鄙！希睹人主,卒得急召,涕泣如雨。"公孙圣仰天叹曰："悲哉！非子所知也。今日壬午,时加南方①,命属上天②,不得逃亡。非但自哀,诚伤吴王。"妻曰："子以道自达于主,有道当行,上以谏王,下以约身。今闻急召,忧惑溃乱,非贤人所宜。"公孙圣曰："愚哉！女子之言也。吾受道十年,隐身避害,欲绍寿命。不意卒得急召,中世自弃③,故悲与子相离耳。"遂去,诣姑胥台。吴王曰："寡人将北伐齐鲁,道出胥门,过姑胥之台,忽然昼梦。子为占之,其言吉凶。"公孙圣曰："臣不言,身名全;言之,必死百段于王前。然忠臣不顾其躯。"乃仰天叹曰："臣闻好船者必溺,好战者必亡。臣好直言,不顾于命,愿王图之。臣闻章者,战不胜,败走偉偟也④。明者,去昭昭⑤,就冥冥也⑥。

---

① 时加南方:时辰在正午。按阴阳家说法,十二地支分属四方,南方为巳、午、未,属火。午时属正南方。 ② 命属上天:古代礼俗相传,南方属火,其神司天。所以日、时都在午,性命归天,不祥之兆。 ③ 中世:人世的中途,即活到中年。 ④ 偉偟(zhāng huáng 章皇):通"张皇",惊慌失措的样子。 ⑤ 昭昭:光明,指天。 ⑥ 冥冥:黑暗,指地下。走入地下,即入土死亡。

入门见铋蒸而不炊者,大王不得火食也。两黑犬嗥以南嗥以北者:黑者,阴也;北者,匿也。两铩殖宫墙者,越军入吴国,伐宗庙,掘社稷也。流水汤汤越宫堂者,宫空虚也。后房鼓震箧箧者,坐太息也。前园横生梧桐者,梧桐心空,不为用器,但为盲僮①,与死人俱葬也。愿大王按兵修德,无伐于齐,则可销也。遣下吏太宰嚭、王孙骆解冠帻②,肉袒徒跣③,稽首谢于勾践,国可安也,身可不死矣。"吴王闻之,索然作怒,乃曰:"吾天之所生,神之所使。"顾力士石番以铁槌击杀之。圣乃仰头向天而言曰:"吁嗟!天知吾之冤乎。忠而获罪,身死无辜。以葬我以为直者,不如相随为柱④,提我至深山,后世相属为声响。"于是吴王乃使门人提之蒸丘⑤:"豺狼食汝肉,野火烧汝骨,东风数至,飞扬汝骸,骨肉糜烂,何能为声响哉?"太宰嚭趋进曰:"贺大王喜,灾已灭矣。因举行觞⑥,兵可以行。"吴王乃使太宰嚭为右校司马,王孙骆为左校,及从勾践之师伐齐。

伍子胥闻之,谏曰:"臣闻兴十万之众,奉师千里,百

---

① 盲僮:当从《越绝书》作"甬当"。甬当,古代用以殉葬的木偶或陶俑。 ② 冠帻(zé责):帽子和头巾。 ③ 肉袒:脱去上衣,裸露肢体。跣:赤脚。 ④ 柱:琴瑟系弦之木。 ⑤ 蒸丘:一名蒸山,又名阳山,在江苏苏州。 ⑥ 行觞:行酒,依次敬酒。

姓之费，国家之出，日数千金。不念士民之死，而争一日之胜，臣以为危国亡身之甚。且与贼居，不知其祸，外复求怨，徼幸他国。犹治救瘑疥①，而弃心腹之疾，发当死矣。瘑疥，皮肤之疾，不足患也。今齐陵迟千里之外②，更历楚赵之界，齐为疾，其疥耳。越之为病，乃心腹也。不发则伤，动则有死。愿大王定越而后图齐。臣之言决矣，敢不尽忠？臣今年老，耳目不聪，以狂惑之心，无能益国。窃观《金匮》第八③，其可伤也。"吴王曰："何谓也？"子胥曰："今年七月辛亥平旦④，大王以首事⑤。辛，岁位也⑥。亥，阴前之辰也⑦。合壬子岁。前合也⑧，利以行武。武决胜矣，然德在⑨。

---

① 瘑（guō 锅）疥：疥疮。　② 陵迟：意指丘陵绵延。③《金匮》：古代一本占卜书，内容是以阴阳定凶吉。　④ 辛亥平旦：辛亥这一天黎明。　⑤ 首事：起事，指伐齐。　⑥ 岁位：岁星即木星所在的位置，按甲子纪年，此年当为辛丑。⑦ 阴：指太岁。是古人设想与岁星反向运行的一个岁星，称太岁。岁星为阳，太岁为阴。辰：古人认为太岁、岁星都是十二年绕天一周，一年为一辰。由于太岁、岁星反向运行，岁星在丑，则太岁在寅。岁星在子，则太岁在卯。岁星在亥，则太岁在辰。所以说"亥"是太岁前一年所在的位置。故下文说"合壬子岁"，与"亥"相合。　⑧ 前"合"：应当。后"合"：符合。⑨ 德：指岁神中的德神，称"岁枝德"，得福的象征。

合斗击丑①。丑,辛之本也。大吉为白虎而临辛②,功曹为太常所临亥③。大吉得辛为九丑④,又与白虎并重。有人若以此首事,前虽小胜,后必大败。天地行殃,祸不久矣。"吴王不听,遂九月使太宰嚭伐齐。军临北郊,吴王谓嚭曰:"行矣。无忘有功,无赦有罪。爱民养士,视如赤子⑤。与智者谋,与仁者友。"太宰嚭受命,遂行。

吴王召大夫被离,问曰:"汝常与子胥同心合志,并虑一谋。寡人兴师伐齐,子胥独何言焉?"被离曰:"子胥欲尽诚于前王,自谓老狂,耳目不聪,不知当世之所行,无益吴国。"

王遂伐齐,齐与吴战于艾陵之上⑥,齐师败绩。吴王既胜,乃使行人成好于齐⑦,曰:"吴王闻齐有没水之虑,帅军来观。而齐兴师蒲草,吴不知所安集,设阵为备,不意颇伤齐师。愿结和亲而去。"齐王曰:"寡人处此北边,

---

① 斗:斗宿,属于北方玄武的第一个星宿,吴国分野为斗宿,十二辰次为丑。这句是说斗宿被合并,丑位受打击,不利于吴。 ② 大吉:阴阳家认为日月相合有十二处,叫做"十二月将"。十一月将即称"大吉",在丑位。白虎:二十八宿分归四象,西方白虎。 ③ 功曹:十月将称为"功曹",在寅位。太常:原是日月星辰交会的龙旗,这里借指四象的东方青龙。 ④ 九丑:九种丑事,都是行事不利的表现。说见《逸周书·文政解》。 ⑤ 赤子:婴儿。 ⑥ 艾陵:春秋齐地,在今山东省泰安市境内。 ⑦ 行人:古外交官名。

无出境之谋。今吴乃济江淮,逾千里而来我壤土,戮我众庶。赖上帝哀存,国犹不至颠陨。王今让以和亲,敢不如命?"吴齐遂盟而去。

吴王还,乃让子胥曰:"吾前王履德,明达于上帝,垂功用力,为子西结强仇于楚。今前王譬若农夫之艾,杀四方蓬蒿,以立名于荆蛮,斯亦大夫之力。今大夫昏耄而不自安,生变起诈,怨恶而出。出则罪吾士众,乱吾法度,欲以妖孽挫衄吾师①。赖天降衷,齐师受服。寡人岂敢自归其功?乃前王之遗德,神灵之祐福也。若子于吴则何力焉?"伍子胥攘臂大怒②,释剑而对曰:"昔吾前王有不庭之臣③,以能遂疑计,不陷于大难。今王播弃,所患外不忧,此孩僮之谋④,非霸王之事。天所未弃,必趋其小喜,而近其大忧。王若觉寤,吴国世世存焉;若不觉寤,吴国之命斯促矣。员不忍称疾辟易⑤,乃见王之为擒。员诚前死,挂吾目于门,以观吴国之丧。"吴王不听。

坐于殿上,独见四人向庭相背而倚,王怪而视之。群臣问曰:"王何所见?"王曰:"吾见四人相背而倚,闻人言则四分走矣。"子胥曰:"如王言,将失众矣。"吴王怒

---

① 衄(nù女去声):失败,挫伤。 ② 攘臂:捋袖举臂。
③ 不庭之臣:不上朝执礼的贵臣。 ④ 孩:原作"孤",据《国语·吴语》改。 ⑤ 辟易:病狂。

曰:"子言不祥。"子胥曰:"非惟不祥,王亦亡矣。"后五日,吴王复坐殿上,望见两人相对,北向人杀南向人。王问群臣:"见乎?"曰:"无所见。"子胥曰:"王何见?"王曰:"前日所见四人,今日又见二人相对,北向人杀南向人。"子胥曰:"臣闻四人走,叛也。北向杀南向,臣杀君也。"王不应。

吴王置酒文台之上,群臣悉在,太宰嚭执政,越王侍坐,子胥在焉。王曰:"寡人闻之:君不贱有功之臣,父不憎有力之子。今太宰嚭为寡人有功,吾将爵之上赏①。越王慈仁忠信,以孝事于寡人,吾将复增其国,以还助伐之功。于众大夫如何?"群臣贺曰:"大王躬行至德,虚心养士;群臣并进②,见难争死;名号显著③,威震四海;有功蒙赏,亡国复存④;霸功王事,咸被群臣。"于是,子胥据地垂涕曰:"于乎哀哉⑤!遭此默默;忠臣掩口,谗夫在侧;政败道坏,诌谀无极;邪说伪辞,以曲为直;舍谗攻忠,将灭吴国;宗庙既夷,社稷不食;城郭丘墟,殿生荆棘。"吴王大怒曰:"老臣多诈,为吴妖孽。乃欲专权擅威,独倾吾国。寡人以前王之故,未忍行法。今退自计,

---

① 爵之:封他爵位。 ② 进:进仕,做官任用。 ③ 名号:名位尊号,指称王。 ④ 亡国:指被灭亡了的诸侯国。 ⑤ 于乎:同"呜乎",叹词。

无沮吴谋①。"子胥曰:"今臣不忠不信,不得为前王之臣。臣不敢爱身,恐吴国之亡矣。昔者桀杀关龙逄②,纣杀王子比干③,今大王诛臣,参于桀纣④。大王勉之,臣请辞矣。"

子胥归,谓被离曰:"吾贯弓接矢于郑楚之界,越渡江淮,自致于斯。前王听从吾计,破楚见凌之仇,欲报前王之恩而至于此。吾非自惜,祸将及汝。"被离曰:"未谏不听,自杀何益?何如亡乎⑤?"子胥曰:"亡臣安往?"

吴王闻子胥之怨恨也,乃使人赐属镂之剑⑥。子胥受剑,徒跣褰裳⑦,下堂中庭,仰天呼怨,曰:"吾始为汝父忠臣,立吴,设谋破楚,南服劲越,威加诸侯,有霸王之功。今汝不用吾言,反赐我剑。吾今日死,吴宫为墟,庭生蔓草,越人掘汝社稷。安忘我乎?昔前王不欲立汝,我以死争之,卒得汝之愿,公子多怨于我⑧。我徒有功于吴,今乃忘我定国之恩,反赐我死,岂不谬哉!"吴王闻之,大怒曰:"汝不忠信,为寡人使齐,托汝子于齐鲍氏,

---

① 沮:败坏,毁坏。 ② 桀:夏桀,夏代亡国之君。关龙逄:古史传说夏之贤臣,因忠言直谏,为夏桀所杀。 ③ 纣:商纣,商代亡国之君。比干:商代贤臣,传说商纣王淫乱,比干犯颜强谏,纣王发怒,剖其心而死。 ④ 参:同"三"。 ⑤ 亡:逃亡。 ⑥ 属(zhǔ嘱)镂:剑名。 ⑦ 褰(jiǎn简):揭,提起。 ⑧ 公子:吴国王族子弟。

有我外之心①。"急令自裁:"孤不使汝得有所见。"子胥把剑,仰天叹曰:"自我死后,后世必以我为忠。上配夏殷之世,亦得与龙逢、比干为友。"遂伏剑而死。

吴王乃取子胥尸,盛以鸱夷之器②,投之于江中,言曰:"胥,汝一死之后,何能有知?"即断其头,置高楼上,谓之曰:"日月炙汝肉,飘风飘汝眼③,炎光烧汝骨,鱼鳖食汝肉,汝骨变形灰,有何所见?"乃弃其躯,投之江中。子胥因随流扬波,依潮来往,荡激崩岸。于是吴王谓被离曰:"汝尝与子胥论寡人之短。"乃髡被离而刑之④。

王孙骆闻之,不朝。王召而问曰:"子何非寡人而不朝乎?"骆曰:"臣恐耳!"曰:"子以我杀子胥为重乎?"骆曰:"大王气高,子胥位下,王诛之。臣命何异于子胥?臣以是恐也。"王曰:"非听宰嚭以杀子胥,胥图寡人也。"骆曰:"臣闻人君者,必有敢谏之臣。在上位者,必有敢言之交。夫子胥,先王之老臣也,不忠不信,不得为前王臣。"吴王心中惊然,悔杀子胥:"岂非宰嚭之逸子胥?"而欲杀之。骆曰:"不可。王若杀嚭,此为二子胥也。"于是不诛。

---

① 我外:以我为外,自居外臣。 ② 鸱(chī吃)夷:一种皮革制成的囊。 ③ 飘风:同"飙风",狂风。 ④ 髡(kūn昆):古代一种剃去头发的刑法。

十四年,夫差既杀子胥,连年不熟,民多怨恨。吴王复伐齐,阙为阑沟于商鲁之间①,北属沂②,西属济。欲与鲁晋合攻于黄池之上③。恐群臣复谏,乃令国中曰:"寡人伐齐,有敢谏者死。"太子友知子胥忠而不用,太宰嚭佞而专政,欲切言之,恐罹尤也,乃以讽谏激于王。清旦怀丸持弹,从后园而来,衣袷履濡④。王怪而问之曰:"子何为袷衣濡履,体如斯也?"太子友曰:"适游后园,闻秋蜩之声⑤,往而观之。夫秋蝉登高树,饮清露,随风挒挠⑥,长吟悲鸣,自以为安。不知螳螂超枝缘条,曳腰耸距⑦,而稷其形⑧。夫螳螂翕心而进,志在有利,不知黄雀盈绿林,徘徊枝阴,蹤跔微进⑨,欲啄螳螂。夫黄雀但知伺螳螂之有味,不知臣挟弹危掷⑩,蹭蹬飞丸而集其

---

①阙(jué掘):同"掘"。阑沟:又名邗沟。即江苏境内自扬州市西北至淮安北入淮的运河。商:指宋国。商朝灭亡后,王室后裔封在其旧都(今河南商丘),为宋国,故宋国也称商。 ②沂(yí宜):原作"薪",据《国语》改。沂水,源于山东,流入江苏。 ③黄池:古地名,在今河南封丘西南。春秋初为卫地,后属宋。公元前482年,夫差与晋定公、鲁哀公等会盟于此。 ④袷:当作"洽",沾湿。履:鞋。濡:潮湿。 ⑤秋蜩(tiáo条):也作"秋蝉",蝉的一种。 ⑥挒:通"挥"。 ⑦距:爪子。 ⑧稷:《太平御览》卷九四六引《吴越春秋》作"哺"。 ⑨蹤跔:当作"蹤跔"。蹤跔,跳跃的样子。 ⑩危:高。

背①。今臣但虚心志在黄雀,不知空堷其旁②,阉忽堷中③,陷于深井,臣故袷体濡履,几为大王取笑。"王曰:"天下之愚,莫过于斯。但贪前利,不睹后患。"太子曰:"天下之愚,复有甚者。鲁承周公之末,有孔子之教,守仁抱德,无欲于邻国,而齐举兵伐之,不爱民命,惟有所获。夫齐徒举而伐鲁,不知吴悉境内之士,尽府库之财,暴师千里而攻之。夫吴徒知逾境征伐非吾之国,不知越王将选死士,出三江之口④,入五湖之中⑤,屠我吴国,灭我吴宫。天下之危,莫过于斯也。"吴王不听太子之谏,遂北伐齐。

越王闻吴王伐齐,使范蠡、曳庸率师屯海通江,以绝吴路。败太子友于始熊夷⑥,通江淮转袭吴,遂入吴国,烧姑胥台,徙其大舟。

吴败齐师于艾陵之上,还师临晋,与定公争长未合。边候⑦。吴王夫差大惧,合诸侯谋曰:"吾道辽远,无会前进,孰利?"王孙骆曰:"不如前进,则执诸侯之柄,以求其

---

① 蹭蹬:拟声词。 ② 堷:同"埳(kǎn 坎)",地面凹陷处。 ③ 阉(yǎn 奄)忽:遽然。 ④ 三江:三条江的合称。三江说法很多,徐注以松江、钱塘江、浦阳江为三江。 ⑤ 五湖:有以太湖为五湖、以太湖及附近四湖为五湖等多种说法。 ⑥ 始熊夷:古地名。《国语》作"姑熊夷"。 ⑦ 候:通"堠",边境瞭望哨,此用作动词,哨所报警。

志。请王属士,以明其令,劝之以高位,辱之以不从,令各尽其死。"夫差昏秣马食士①,服兵被甲,勒马衔枚②,出火于灶③,闇行而进④。吴师皆文犀长盾、扁诸之剑⑤,方阵而行。中校之军皆白裳、白髦、素甲、素羽之矰⑥,望之若荼⑦。王亲秉钺,戴旗以阵而立。左军皆赤裳、赤髦、丹甲、朱羽之矰,望之若火。右军皆玄裳、玄舆、黑甲、乌羽之矰,望之如墨。带甲三万六千,鸡鸣而定阵,去晋军一里。天尚未明,王乃亲鸣金鼓,三军哗吟,以振其旅,其声动天徙地。晋大惊,不出,反距坚垒⑧。乃令童褐请军⑨,曰:"两军边兵接好⑩,日中无期。今大国越次而造敝邑之军垒,敢请辞故⑪。"吴王亲对曰:"天子有命,周室卑弱,约诸侯贡献,莫入王府,上帝鬼神而不可以告,无姬姓之所振惧⑫,遣使来告,冠盖不绝于道⑬。

① 秣马:喂马。 ② 枚:古代夜行军,为防止出声,让士兵衔在口中的竹片或木片。 ③ 灶:通"灶"。 ④ 闇(àn 暗):黑暗。 ⑤ 文犀长盾:图纹犀牛皮制的长盾牌。扁诸:剑名。 ⑥ 白髦:白色牛毛制的旗仗。矰:短箭。 ⑦ 荼:花白色。 ⑧ 反:同"返"。距:通"拒"。 ⑨ 童褐:即晋国大夫司马演。 ⑩ 边:《国语·吴语》作"偃"。 ⑪ 辞:《国语·吴语》作"乱"。 ⑫ 姬姓:周王室姓姬氏。此即指姬姓之国。 ⑬ 冠盖:冠,礼帽。盖,车盖。官吏的服饰和车乘,借指官吏。

始周依负于晋①,故忽于夷狄②。会晋今反叛如斯,吾是以蒲服就君③,不肯长弟,徒以争强。孤进不敢去,君不命长,为诸侯笑。孤之事君,决在今日;不得事君,命在今日矣。敢烦使者往来,孤躬亲听命于藩篱之外。"童褐将还,吴王蹑左足与褐决矣。及报,与诸侯、大夫列坐于晋定公前。既以通命,乃告赵鞅曰:"臣观吴王之色,类有大忧。小则嬖妾、嫡子死④,否则吴国有难;大则越人入,不得还也。其意有愁毒之忧,进退轻难⑤,不可与战。主君宜许之以前期,无以争行而危国也。然不可徒许,必明其信。"赵鞅许诺,入谒定公曰:"姬姓于周,吴为先老可长,以尽国礼。"定公许诺,命童褐复命。于是,吴王愧晋之义,乃退幕而会。二国君臣并在,吴王称公前,晋侯次之,群臣毕盟。

吴既长晋而还,未逾于黄池。越闻吴王久留未归,乃悉士众将逾章山,济三江,而欲伐之。吴又恐齐、宋之为害,乃命王孙骆告劳于周,曰:"昔楚不承供贡,辟远兄弟之国。吾前君阖闾不忍其恶,带剑挺铍⑥,与楚昭王相

① 负:通"附"。 ② 忽:疏忽,疏远。夷狄:吴国居东南,原为夷狄国家。这里自称吴国。 ③ 蒲服:同"匍匐",表示恭敬尽力。 ④ 嬖妾:宠爱的妾。 ⑤ 进退:进攻和退却。轻难:轻于赴难,不怕死。 ⑥ 铍:古代一种兵器,外形似刀而两边有刃。

逐于中原。天舍其忠，楚师败绩。今齐不贤于楚，又不恭王命，以远辟兄弟之国。夫差不忍其恶，被甲带剑，径至艾陵。天福于吴，齐师还锋而退。夫差岂敢自多其功？是文武之德所祐助。时归吴，不熟于岁①，遂缘江泝淮②，开沟深水，出于商、鲁之间，而归告于天子执事③。"周王答曰："伯父令子来乎！盟国一人则依矣，余实嘉之。伯父若能辅余一人，则兼受永福，周室何忧焉？"乃赐弓弩王阼，以增号谥。吴王还归自池，息民散兵。

二十年，越王兴师伐吴，吴与越战于檇李。吴师大败，军散，死者不可胜计。越追破吴，吴王困急，使王孙骆稽首请成，如越之来也。越王对曰："昔天以越赐吴，吴不受也。今天以吴赐越，其可逆乎？吾请献勾甬东之地④，吾与君为二君乎！"吴王曰："吾之在周，礼前王一饭⑤。如越王不忘周室之义，而使为附邑，亦寡人之愿也。行人请成列国之义，惟君王有意焉。"大夫种曰⑥："吴为无道，今幸擒之，愿王制其命。"越王曰："吾将残汝

---

① 岁：岁功，一年的农田收成。 ② 缘：同"沿"，顺流而下。泝(sù 诉)：也作"溯"、"遡"，逆流而上。 ③ 天子执事：敬称天子，表示自己只配向天子的执事大臣禀告。 ④ 勾甬东：指句章(今浙江余姚东南)、甬江以东。 ⑤ 礼前王一饭：指吴国先王在周室享祭祀礼遇。 ⑥ 种：文种，越王勾践的大臣。

社稷,夷汝宗庙。"吴王默然。请成七反①,越王不听。

二十三年十月,越王复伐吴。吴国困不战,士卒分散,城门不守,遂屠吴。吴王率群臣遁去,昼驰夜走,三日三夕,达于秦余杭山②。胸中愁忧,目视茫茫,行步猖狂③,腹馁口饥。顾得生稻而食之,伏地而饮水。顾左右曰:"此何名也?"对曰:"是生稻也。"吴王曰:"是公孙圣所言不得火食走偟偟也。"王孙骆曰:"饱食而去,前有胥山,西坂中可以匿止④。"王行,有顷,因得生瓜已熟,吴王掇而食之。谓左右曰:"何冬而生瓜,近道人不食何也?"左右曰:"谓粪种之物,人不食也。"吴王曰:"何谓粪种?"左右曰:"盛夏之时,人食生瓜,起居道傍⑤,子复生,秋霜,恶之,故不食。"吴王叹曰:"子胥所谓旦食者也。"谓太宰嚭曰:"吾戮公孙圣,投胥山之巅。吾以畏责天下之惭,吾足不能进,心不能往。"太宰嚭曰:"死与生,败与成,故有避乎⑥?"王曰:"然。曾无所知乎?子试前呼之,圣在,当即有应。"吴王止秦余杭山,呼曰:"公孙圣!"三反呼,圣从山中应曰:"公孙圣!"三呼三应。吴王仰天呼曰:"寡人岂可返乎,寡人世世得圣也。"

---

①反:通"返"。 ②秦余杭山:又名阳山,在今江苏苏州。 ③猖狂:举足失措。 ④胥山:在今江苏苏州,相传因伍子胥而得名。 ⑤起居:指大小便。 ⑥故:通"固",本来。

须臾,越兵至,三围吴。范蠡在中行,左手提鼓,右手操枹而鼓之①。吴王书其矢而射种、蠡之军,辞曰:"吾闻狡兔以死,良犬就烹。敌国如灭,谋臣必亡。今吴病矣,大夫何虑乎?"大夫种、相国蠡急而攻②。大夫种书矢射之,曰:"上天苍苍,若存若亡。越君勾践下臣种敢言之:昔天以越赐吴,吴不肯受,是天所反。勾践敬天而功,既得返国。今上天报越之功,敬而受之,不敢忘也。且吴有大过六,以至于亡,王知之乎?有忠臣伍子胥忠谏而身死,大过一也。公孙圣直说而无功,大过二也。太宰嚭愚而佞言,轻而谀谀,妄语恣口,听而用之,大过三也。夫齐、晋无返逆行,无僭侈之过,而吴伐二国,辱君臣,毁社稷,大过四也。且吴与越同音同律,上合星宿,下共一理,而吴侵伐,大过五也。昔越亲戕吴之前王③,罪莫大焉,而幸伐之,不从天命而弃其仇,后为大患,大过六也。越王谨上列青天,敢不如命?"

大夫种谓越君曰:"中冬气定,天将杀戮。不行天杀,反受其殃。"越王敬拜,曰:"诺。今图吴王,将为何

---

① 枹(fú 浮):击鼓用的鼓槌。 ② 蠡:范蠡,越王勾践的主要谋臣。 ③ "昔越"句:《左传》定公十四年载,吴国伐越国,被勾践打败,并且使阖闾受伤,回去就死了。此指其事。

如?"大夫种曰:"君被五胜之衣①,带步光之剑②,仗屈卢之矛③,瞋目大言以执之。"越王曰:"诺。"乃如大夫种辞吴王曰:"诚以今日闻命。"言有顷,吴王不自杀。越王复使谓曰:"何王之忍辱厚耻也!世无万岁之君,死生一也。今子尚有遗荣,何必使吾师众加刃于王。"吴王仍未肯自杀。勾践谓种、蠡曰:"二子何不诛之?"种、蠡曰:"臣,人臣之位,不敢加诛于人主④。愿主急而命之,天诛当行,不可久留。"越王复瞋目怒曰:"死者,人之所恶。恶者,无罪于天,不负于人。今君抱六过之罪,不知愧辱而欲求生,岂不鄙哉?"吴王乃太息,四顾而望,言曰:"诺!"乃引剑而伏之死。越王谓太宰嚭曰:"子为臣,不忠无信,亡国灭君。"乃诛嚭并妻子。

吴王临欲伏剑,顾谓左右曰:"吾生既惭,死亦愧矣。使死者有知,吾羞前君地下,不忍睹忠臣伍子胥及公孙圣。使其无知,吾负于生。死必连綦组以罩吾目⑤,恐其不蔽,愿复重罗绣三幅,以为掩明。生不昭我,死勿见我形。吾何可哉!"越王乃葬吴王以礼,于秦余杭山卑犹⑥。

---

① 五胜之衣:水、火、金、木、土五行相胜称五胜。绣有五行相胜图纹的衣服称五胜衣。 ② 步光:剑名。 ③ 屈卢:矛名。 ④ 人主:人君、君主。 ⑤ 綦(bì壁)、组:均指丝带。 ⑥ 卑犹:地名。

越王使军士集于我戎之功①,人一隰土以葬之②。宰嚭亦葬卑犹之旁。

【翻译】

夫差十一年,吴王夫差派兵攻打北边的齐国。齐国派大夫高氏向吴军辞谢说:"齐国国君在国内孤单无助,仓库空虚,百姓流离失散。齐国视吴国为强大的后援,可现在我们没有到吴国去告急,而吴国却前来讨伐我们。请允许让国民跪在郊外迎接,不敢陈说战争的言辞,希望吴国哀怜齐国没有越轨的行为。"吴军就撤兵回国。

夫差十二年,夫差又出兵北伐齐国。越王得知消息,率领部众到吴国朝觐,并献给太宰嚭许多贵重的礼物。嚭高兴地接受了越王的贿赂,更加喜欢、信任越王,日夜在吴王面前替越王说好话。吴王信任采用嚭的计策。伍子胥非常害怕,说:"这是抛弃我呀!"于是向吴王进谏说:"越国是我们心腹之患,不先消除此患,现在却去听信浮夸的言辞、虚伪的欺诈,贪求齐国。即便占领了齐国,好比布满大石的田地,无法栽种秧苗。希望大

---

① 戎:大。我戎之功,等于说"我之戎功",拟越国口吻说就是:"我们伟大的功绩。" ② 隰(xí习):低湿的土地。

王放弃齐国,先去讨伐越国。不然,后悔就来不及了。"吴王不听,派伍子胥出使齐国,通报双方交战日期。伍子胥对他儿子说:"我几次向国王进谏,可国王不采纳我的建议,现在眼看吴国就要灭亡了。你与我一起死,死得没有价值。"于是把儿子托付给齐国的鲍氏,自己返回吴国。太宰嚭既然与伍子胥不和,就趁机向吴王进谗言说:"伍子胥替强暴的齐国进谏,希望大王疏远他一些。"吴王说:"我知道。"吴王还未发兵,碰巧鲁国派子贡来吴国访问。

夫差十三年,齐国大夫陈成恒预谋杀掉齐简公,但心里又害怕齐国高、国、鲍、晏四大家族,所以先发兵讨伐鲁国。鲁国国君为此忧心忡忡。孔子担忧此事,召集门人,对他们说:"诸侯间有相互攻伐的,我常常引以为耻。鲁国是我们的父母之邦,我祖宗的坟墓在这里。现在齐国将要进攻鲁国,诸位无意到各国游说一下吗?"子路要告辞动身,可孔子制止了他。子张、子石要求去,孔子也没有答应。最后子贡请求前去,孔子就派他去了。

子贡先到了北边的齐国,见到成恒,就对他说:"鲁国是一个难以攻打的国家,您却要攻打它,您错了。"成恒说:"鲁国有什么难攻的?"子贡说:"鲁国的城墙既薄又低,护城河既窄又浅,君主愚昧而不仁慈,大臣都不中用,士兵厌恶打仗,因此您不能与鲁国交战。我看您不如去攻打吴国。吴国的城墙又厚又高,护城河又宽又深,兵甲坚锐,士兵都是挑选出来的,武器充足,弓弩强劲,又派了贤明的大夫守城,这才是容易攻打的国家。"成恒听了很生气,脸色一变,说道:"你认为难的,却是别人认为容易的;你认为容易的,却是别人认为难的。你用这些话来指教我,为什么?"子贡说:"我听说您三次要受封都未成功,那是大臣中有人不听您的。现在您又要攻下鲁国来扩大齐国,灭亡鲁国以达到自尊的目的,但您的功劳却跟这事不相干。这是您对上使君主骄傲,对下使群臣放肆,想以此成就大事,那就难了。而且君主一骄傲就会犯下,臣下一骄傲就会争夺。这就使您上和国王产生隔阂,下和大臣互相争夺。如果这样,您要在齐国立足,就像鸡蛋垒起一样危险。所以我说您不如去攻打吴国。而且吴王勇猛刚毅,能贯彻自己的法令;吴国百姓熟悉攻战防守,法禁严明。齐军遇上吴军就被他们俘虏,这是必定的了。现在您要征集全国人民,让大臣们穿起铠甲出征,那么百姓在外效死,大臣不在国内,因此您在上没有作为强敌的大臣,在下没有平民之兵士。孤立国君、控制齐国的,就是您。"陈成恒说:"很好!虽然如此,但是我的军队已经在鲁国城下了。如果我从鲁国撤兵开往吴国,大臣将会怀疑我,怎么办呢?"子贡说:"您先按兵不动,不要进攻鲁国,请允许我为您南下去见吴王,请求他们出兵救鲁并来讨伐齐国,您就趁机发兵迎击。"陈成恒答应了。

　　子贡南下去见吴王,对吴王说:"我听说行王道的人代代相续,行霸道的人没有强大的敌人。但是千钧的重量,只要加了轻微的一铢,重心就会移动。现在战车万乘的齐王要私吞战车千乘的鲁侯,进而跟吴国争强斗胜,我私下替大王害怕。况且援救鲁国,是能显扬名声的;讨伐齐国,是能获取大利的。维护正义,保护危亡的鲁国,损害横暴的齐国,威慑强大的晋国,那么称王天下是不用怀疑的。"吴王说:"很好!虽然如此,但是我曾经和越国作战,使越王栖居会稽山,来向吴国称臣。我没有立刻杀掉他,三年后放他回国了。越王是一个贤明的君主,苦心劳力,夜以继日,对内加强军事训练,对外服事诸侯,必将有报复我的打算。你且等我攻下越国再照你的话行事罢。"子贡说:"不行。越国的强大,不会超过鲁国;吴国的强大,不会超过齐国。大王因为讨伐越国而不采纳我的建议,齐国早已私吞鲁国了。而且害怕弱小的越国,憎恶强大的齐国,这是不勇敢。看见小小的利益而忘记大的危害,这是不明智。我听说仁者不会置身困厄广大自己的德行,智者不会放弃时机建立自己的功业,王者不会绝代树立自己的道义。既然大王这样害怕越国,我愿意东去见越王,让他出兵跟随您的下吏。"

吴王大为高兴。

子贡东去见越王,越王听说后,清扫道路,到郊外迎接子贡,并亲自驾车到客舍。越王问子贡说:"越国是个偏僻狭小的国家,落后的蛮夷民族,大夫怎么毫不在意,好像不感到屈辱,而来到这里呢?"子贡说:"我是哀悼您,所以才来。"越王勾践拜了两拜,磕头触地,说:"我听说祸与福是互相依存的,今天大夫来表示哀悼,这是我的福分了。我怎敢不问问是什么意思?"子贡说:"我近来见了吴王,告诉他要援救鲁国而攻打齐国,可他心里害怕越国。况且如果没有报复别人的志意,却使别人怀疑,这是笨拙的;如果有报复别人的志意,却让别人知道,这是不安全的;事情还未发动就被探知风声,这是危险的。这三点是成事的大忌。"越王拜了两拜,说:"我很小就失去了父亲,私心不自量力,和吴人交战,军队战败,自己受到侮辱,脱身逃走,到会稽山上栖居,在海边上困守,差点只能与鱼鳖为伍。今天大夫屈尊表示哀悼,亲自会见我,又以金玉良言指教我。我仰赖上天的恩赐,怎敢不秉承教诲呢?"子贡说:"我听说贤明的君主任用人才,不会让他们的才能得不到发挥,正直的士人推举贤才,不会让他们遗落在世间。所以面对财富,分发利禄,要用仁者;渡过灾祸,冲破危难,要用勇者;运用智慧,图谋国事,要用贤者;匡正天下,安定诸侯,要用圣人。兵力强大,却不能发挥他的威势;在上位,却不能把自己的政令贯彻实施下去;这样的国君危险了啊!太难了!臣私意以为,选择可以成就王业的时机,这样的机会能有多少呢?现在吴王有攻打齐国、晋国的志意。您要不惜国家宝物去讨吴王的欢心,要不厌恶用谦恭的言辞去尽到礼数。而吴国攻打齐国,齐国一定会迎战。假如吴国不能取胜,那是您的福气。假如吴国取胜,一定会用军队进逼晋国。这样吴国的骑兵锐卒在齐国损坏,重金、宝物、车骑、羽旗在晋国消耗殆尽,那么您就可以制服吴国残余的力量了。"越王拜了又拜,说:"从前,吴王派遣他的军队来摧残我的国家,杀害我的人民,轻视我的百姓,削平我的宗庙,使我的国家变成长满荆棘的废墟,让我与鱼鳖为伍。我对吴王的怨恨,深入骨髓,但我平时对待吴王,又好像儿子害怕父亲,弟弟尊敬兄长。这是我的誓言。今天大夫赐教于我,所以我敢把内情向您陈述。我身体不安于双层席垫,口不品尝淳厚的美味,眼睛不看美丽的女色,耳朵不听优雅的音乐,这样已经三年。我唇干舌燥,苦身劳力,对上安排群臣,对下教养百姓,但愿能在天下平原旷野之上与吴国交战一次,正身振臂,向吴国宣战。越国士兵接连战死,肝脑涂地,这是我的心愿。盼望三年,未能实现。现在,对内估量我的国家还没有足够的力量去损伤吴国,对外也没有能力去服事诸侯。因此,我情愿暂离王位,丢下群臣,改变容貌,更换姓名,拿着畚箕、扫帚,饲养牛马来服事吴王。我虽然知道这样自己腰、颈将被割断,手脚分离,四肢抛散,被乡里讥笑,但我决心已下。现在大夫赐教于我,保存危亡的国家,拯救濒死的人民,我仰赖上天的恩赐,怎敢不等待您的指教?"子贡说:"吴王为人,贪图功名,不懂祸害。"越王慌忙离座。子贡说:"我观察吴王屡次出兵征讨,士兵不得休息,大臣引退,谗佞的人越来越多。伍子胥为人精诚廉洁,明智而且知道把握时机,不会因为怕自己丧失生命,就隐瞒君主的过失。他言论公正,为的是忠于自己的国君;他行为正直,为的是自己的国家。然而以生命相许,意见也不被采纳。太宰嚭的为人,看似聪明其实愚蠢,看似坚强其实软弱。他凭借花言巧语以求进身,擅长诡秘欺诈来服事国君。他只知眼前利益,而不知后果。他顺从国君的错误,以图保全自己的私利。这是一个残害国家、伤害国君的佞臣。"越王非常高兴。子贡离开越国,越王送给他一百镒金,一口宝剑,两匹好马,子贡没有接受。

子贡回到吴国,对吴王说:"我把充当下吏随从伐齐的话告诉了越王,越王非常害怕,说:'过去,我很不幸,从小就失去了父亲,又不自量力,竟得罪了吴国。结果部队战败,自身受辱,逃亡出走,栖居会稽山上,国家成了荒野废墟,自身与鱼鳖为伍。幸赖大王的恩赐,使我还能供奉祭器,进行祭祀,大王的恩德我死都不敢忘记,哪还敢有什么阴谋?'他的内心很害怕,他将派使者来向大王谢罪。"子贡在宾馆住了五天后,越王使节果然来到吴国,对吴王说:"东海服役臣勾践的使者文种,胆敢修好您的下级官吏,向大王左右稍稍陈述:从前,我很不幸,很小就失去了父亲,又不自量力,竟得罪了上国。结果军队战败,自身受辱,逃亡到会稽山上。幸赖大王的恩赐,使我还能供奉祭祀,大王的恩德我至死不忘。如今私下听说大王将兴正义之师,讨伐强暴,救助弱小,围困暴虐的齐国,安抚周王室,所以派贱臣我献上先王收藏的战甲二十套,屈卢矛、步光剑,向您的将士表示祝贺。如果大王就要伸张正义,敝国虽小,请允许我动员国内所有的三千士兵前来随从下吏。请允许我们身披盔甲,拿起兵器,冲在前面领受敌人的箭和飞石,君臣上下即使战死,也没有什么可怨恨的。"吴王非常高兴,于是召见子贡,对他说:"越国的使者果然来了,请求出兵三千,他们的国君也跟着来,和我一齐讨伐齐国。可以吗?"子贡说:"不可。搬空别人的国家,调走人家所有的士兵,又要人家的国君跟着出征,这是不仁义的。您收下他们的礼物,允许他们派军队,辞谢他们的国君随行,就可以了。"吴王表示同意。

子贡又前往晋国,见晋定公,说:"我听说,不预先谋划,就不能应付突发事件;不预先准备军队,就不能战胜敌人。现在吴、齐两国将要开战,吴国要是不能取胜,越国必定趁机扰乱。吴国要是打胜了,必然会趁势将军队逼近晋国,您将怎么办?"晋定公说:"你说怎么对付?"子贡说:"整治兵器,埋伏军队,等他们来。"晋定公答应照办。

子贡返回鲁国,吴王果然发动九个郡的军队,将要和齐国作战。军队从胥门出发,路过姑胥台,吴王忽然大白天在姑胥台瞌睡,并做了一个梦,等到醒了起来,内心感到些许淡淡的惆怅。于是召见太宰嚭,告诉他说:"我白天睡觉做了一个梦,醒后感到一丝淡淡的惆怅。请你来占一下,莫非有什么忧虑呢?我梦中进了章明宫,看到两个锅里蒸着食物,但锅下没有生火。两条黑狗一条朝南嗥叫,一条朝北嗥叫。两把锹插在我的宫墙上。流水浩浩荡荡,越过了我的宫室殿堂。后房有锻工在用风箱嚓嚓地鼓风。前面园中横着长了棵梧桐树。你替我占一下。"太宰嚭说:"美妙啊!这是寓意大王兴兵讨伐齐国。我听说'章'的意思是道德发扬光大,'明'的意思是击败敌人,声名显扬,功勋显赫。两个锅中蒸着食物但没有生火,是表示大王圣德之气充盈。两条黑狗,一条朝南叫,一条朝北叫,是表示异族已经归顺,诸侯前来朝拜。两把锲插在宫墙上,是表示农夫正在收成,田里的人在耕作。流水浩浩荡荡越过宫室殿堂,是表示邻国进贡纳献,财物充足有余。后房锻工嚓嚓地鼓风,是表示宫女喜悦快乐,琴瑟声音谐和。前园横长的梧桐树,是表示乐府中的鼓声。"吴王非常高兴,但内心仍放不下,就又召见王孙骆,问道:"我白天忽然做了个梦,你替我解释一下。"王孙骆说:"我学识浅陋,不能广博,现在大王做的梦,我无法占卜。我知道一个人,他是东披门亭长长城公的弟弟,叫公孙圣。公孙圣这个人小的时候喜欢交游,长大后喜欢学习,见多识广,甚至了解鬼神的性情、形状,希望大王问问他。"吴王于是派王孙骆去请公孙圣,对他说:"吴王白天在姑胥台躺卧,忽然做了个梦,醒后怅然若失,让你占一下,你赶快到姑胥台去。"公孙圣听后伏在地上哭泣,过了一会才起来。他的妻子在旁边对他说:"你怎么这样没出息!一直想面见君主,现在突然被紧急召见,反而哭哭啼啼,眼泪像下雨似的。"公孙圣仰天叹息说:"可悲啊!这不是你能够知道的。今天是壬午日,时辰正在南方的午时,性命归属上天,无法逃脱。我不只是为自己哀伤,确实是为吴王哀伤。"他的妻子说:"你应该让君主了解你的道行。有道行就应当实施,对上劝谏君主,对下约束自身。现在听到吴王紧急召见,忧愁困惑,心乱如麻,这不是贤人应有的态度。"公孙圣说:"愚蠢啊!真是妇人之见。我修炼道行十年,隐匿自己,远避祸害,就是想延续寿命。没想到突然被紧急召见,刚到中年就要自己去送命,所以我是为与你永别感到悲伤。"于是离开家,前往姑胥台。吴王说:"我将要北伐齐国、鲁国,军队从胥门出发,路过姑胥台,我忽然大白天做了个梦。你替我占一下,看看是吉是凶。"公孙圣说:"我如果不说,身体名声都可保全;如果说了,肯定是被碎尸百段,死在大王面前。但是忠臣不能顾惜自己的躯体。"于是仰天叹息说:"我听说喜欢划船的人必定溺水,喜欢打仗的人必定战死。我喜欢直言不讳,不顾惜自己的生命,希望大王考虑一下。我听说'章'的意思是作战不能取胜,仓皇逃走。'明'的意思是离开光明,走向黑暗。进门看到钘中蒸着食物,但没有生火,是表示大王将得不到熟食吃。两条黑狗朝南、朝北叫,'黑'的意思是阴暗,'北'的意思是藏匿。两把铁插在宫墙上,是表示越国部队进入吴国,破坏宗庙,掘毁社稷。流水浩浩荡荡越过宫室殿堂,是表示宫内空虚。后房鼓动风箱作响,是表示坐在那儿叹息。前园横着长的梧桐树,梧桐树心是空的,不能制作有用的器具,只能做成木偶,是陪死人一起埋葬的。希望大王停止军事行动,修积德行,不要讨伐齐国,这样祸患就可消除。派遣您的臣下太宰嚭、王孙骆解掉帽子头巾,光身赤脚,向勾践磕头谢罪，这样吴国可以平安，您可以不死。"吴王听后，勃然大怒，说："我是上天所生，受神的指使。"回头叫力士石番用铁锤打死公孙圣。公孙圣于是仰头向着苍天说道："唉！上天知道我的冤屈。忠诚反而得罪，自己死于无罪，因而把我作为一个直言之士埋葬，还不如让我相随成为琴瑟的弦柱。把我的尸体提到深山，在后世接着发出琴瑟相和的声响。"于是，吴王就派门人把公孙圣的尸体提到蒸丘，说："豺狼吃掉你的肉，野火烧掉你的骨头，东风吹几次，扬起你的骨骸，骨肉糜烂，看你怎么能发出声响？"太宰嚭向前说："向大王道喜，灾祸已经消除。就此举杯行酒，军队可以出发。"吴王于是任命太宰嚭为右校司马，王孙骆为左校司马，让勾践派来的军队也跟随着去讨伐齐国。

伍子胥得知消息，进谏说："我听说发动十万人的队伍，行军千里，百姓的耗费，国家的支出，每天数以千金。不顾惜士兵百姓的死活，去争一日的胜利，我认为会严重危害国家、毁掉自身。况且吴国是与仇敌共处，却没有觉察其中的祸患，反而又到外边去招人怨恨，想侥幸取胜他国。这好比只治疗疥疮，而不管内脏的疾病。内脏的疾病一旦发作，人就死了。疥疮是皮肤上的毛病，不足为患。现在齐国远在千里之外，还要经过楚国、赵国的边界，齐国对吴国的威胁，只是个疥疮罢了。而越国对吴国的威胁，却是心腹之患。这心腹之患不发作也能造成伤害，一旦发作就会致吴国于死地。希望大王先平定越国，然后考虑讨伐齐国。我的话说得决断，但我怎敢不向大王尽忠？我现在年纪老了，耳朵不聪眼睛不明，以狂妄困惑之心，不能有益于国家。我私下看《金匮》第八篇，其中说的事情值得忧伤。"吴王问："这话怎么讲？"伍子胥说："今年七月辛亥日的黎明，大王在这天起事。辛是岁星的位置。亥是太岁前一个辰次。应该是壬子岁先跟亥次相合，有利于施行军事。军事断定可获胜了，但是有德神在，将合并斗宿，冲击丑次。丑是辛的根本。月将大吉属于西方白虎，然而来到辛位；月将功曹属于东方青龙，却来到亥次。月将大吉获得辛位是不利行事的九丑征兆，又与西方白虎合并相重。有人如果在这一天起事，起先虽然小获胜利，后来一定大败。天地施行灾殃，祸害不会太久了。"吴王不听伍子胥的意见，九月，就派太宰嚭率兵讨伐齐国。军队开到都城北郊，吴王对太宰嚭说："去吧，不要忘记有功的人，不要赦免有罪的人。爱护百姓，教养士卒，要像对待孩子一样看待他们。要和智者商议，和仁者交朋友。"太宰嚭接受了命令，就出发了。

吴王召见大夫被离，问到："你常常和伍子胥心同志合，思虑、谋略一致，对我发兵讨伐齐国，伍子胥私下说了些什么?"被离说:"伍子胥只想对先王竭尽忠诚,他说自己年老昏狂,耳朵不聪,眼睛不明,不了解当今的事情,对吴国已没有什么用处。"

吴王于是率兵讨伐齐国,齐、吴两军在艾陵交战,齐军吃了败仗。吴王取得胜利后,就派出使者去与齐国媾和,对齐王说:"吴王听说齐国有被水淹没的危险,就率军队前来观看。但是齐国从蒲草丛中出动了军队,吴王不知道安全集合的地方,就摆下阵势以作防备,没想到颇为伤害齐军。我们愿意与齐国结盟和亲,然后撤离。"齐王说:"我处在北方,没有越出国境的打算。现在吴军却渡过长江、淮河,跨越千里来到我的土地,杀戮我的百姓。幸赖上帝怜悯保全我们,国家还不至于颠覆。大王现在让和亲,我怎敢不从命?"于是吴国、齐国结盟,吴军撤离。

吴王回国,责问伍子胥:"我的先王有德行,圣明通达于上帝,垂功用力,为了你与强大的西邻楚国结仇。我的先王就像农夫砍伐四方的蓬草、蒿草,在荆楚树立了名望,这也有你的功劳。现在你年老糊涂,却不安分守己,滋生变故,挑拨欺诈,怨恨憎恶因此而出。怨恶出来就怪罪我的士兵民众,扰乱我的法令制度,想用妖孽来挫败我的军队。幸赖上天降福,齐军被我制服。我怎么敢把功劳归于自己呢?这是先王流传下来的德业,神灵的福祐。像你对吴国又出了什么力呢?"伍子胥捋起袖子,挥动胳臂,大为愤怒,解下佩剑,回答说:"从前我们先王有可以不上朝的大臣,因为这些人能够决疑谋划,使国家不至陷于大的灾难。现在这些大臣你弃置不用,对外面的祸患不知道担忧,这像是小孩子考虑问题,不像一个霸王的行事。上天对还没有抛弃的人,一定先给他一些小的喜悦,继而降临大的忧患。大王如果能觉悟,吴国就可以世世代代存在下去;如果还不觉悟,吴国的寿命就此短促。我不忍心称病发狂,看着大王被俘虏。我果然先死,就把我的眼睛挂在城门上,观看吴国的灭亡。"吴王不听。

　　吴王坐在殿堂上,只见有四个人面向庭院,背对背倚在一起。吴王奇怪地看着他们,大臣们问道:"大王看见了什么?"吴王说:"我看见四个人背对背倚在一起,听到人说话,就四下散开走了。"伍子胥说:"如果像大王所说,大王将失去民众。"吴王发怒说:"你的话不吉利。"伍子胥说:"不只是不吉利,大王也要死亡。"五天之后,吴王又坐在殿堂上,望见两个人面对面,朝北的人杀掉了朝南的人。吴王问大臣们:"你们看到了吗?"大臣们回答说:"没看见什么。"伍子胥问:"大王看见什么了?"吴王说:"几天前看见的那四个人,今天又有两个面对面,朝北的人杀掉了朝南的人。"伍子胥说:"我听说四人逃走,是反叛。朝北的人杀掉朝南的人,是大臣杀国君。"吴王没有应声。

吴王在文台设酒宴,大臣们都出席了,太宰嚭执政,越王陪坐,伍子胥在座。吴王说:"我听说:国君不轻视有功的大臣,父亲不憎恶出了力的儿子。现在太宰嚭为我立了功,我将赏赐他上品爵位。越王慈爱仁义,忠诚守信,以孝服事我,我将再恢复他的国家,以回报他派兵协助我讨伐齐国的功劳。众位大夫认为怎样?"大臣们祝贺说:"大王身体力行高尚的道德,虚心养士;臣子都得到任用,遇到危难争着效死。大王名位尊号显赫,威震四海,有功的人得到赏赐,灭亡的国家又得到存活。大王建立霸王功业,恩惠遍及群臣。"这时,伍子胥趴在地上流着眼泪说:"唉,可悲啊!遭遇这样沉默不语。忠臣缄口不言,谗佞小人在君主身边,国政败坏,道德沦丧,谀美之词说得不着边际。邪门歪道,虚伪言辞,把弯的说成直的。不惩治谗佞小人,反而给忠臣治罪。这将使吴国走向灭亡。宗庙夷为平地,社稷得不到祭祀,城池成为荒丘废墟,宫殿长满荆棘。"吴王大怒,说:"老臣就多欺诈,真是吴国的妖孽。你就想着独揽权柄,专擅威力,一人左右我的国家。我因为先王的缘故,还不忍心依法执行。现在你自己回去想想,不要败坏吴国的计划。"伍子胥说:"现在我如果不忠诚不守信,就不配是先王的臣下。我不敢爱惜自己的躯体,恐怕吴国将要灭亡了。从前夏桀杀了关龙逢,商纣杀了王子比干,现在大王又要杀我,这是和夏桀、商纣并列为三。大王自勉,我请求告辞。"

伍子胥回去后,对被离说:"我在郑国、楚国的交界处弯弓接箭,越过长江、淮水,自己来到了吴国。先王听从我的计策,攻破楚国,使我报了父兄被杀之仇。我想报答先王的恩情,所以到了这个地步。我不是爱惜自己,可灾祸也将连累你。"被离说:"进谏不听,自杀有什么用?还不如逃走吧?"伍子胥说:"一个亡国之臣能逃到哪里?"

吴王听说了伍子胥的怨恨,就派人赐给他一柄属镂剑。伍子胥接过剑,赤着脚,撩起衣裳,从堂上走到庭中,仰头向天呼怨,说:"我最初是你父亲的忠臣,帮助他获取了王位,又出谋划策击败楚国,南边降服了有力的越国,吴国声威遍加诸侯,我有使吴国成为霸王的功劳。现在你不但不采用我的建议,反而赐剑让我自杀。我今天死去,吴国宫殿将成为废墟,庭院生满野草,越国人掘掉你国家的社稷坛。你怎么能忘了我啊?当年,先王不想立你作太子,我拼死相争,终于遂了你的心愿,致使公子们多怨恨于我。我有功于吴国,到现在你却忘了我安定国家的恩德,反而赐剑让我自杀,岂不荒谬吗!"吴王听说后，非常愤怒地说："你不忠诚守信，为我出使齐国时，把你的儿子托付给齐国鲍氏，有外我之心。"急令伍子胥自杀，说："我不会让你能看到什么。"伍子胥拿着剑，仰天长叹说："从我死后，后代一定会把我当作忠臣。上与夏、商两朝相配，也能够和关龙逄、比干做伴。"于是伏剑自杀。

吴王把伍子胥的尸体装在一个皮囊里，扔到了江中，说道："伍子胥，你死了以后，还能有什么知觉？"吴王还把伍子胥的头砍下来，挂在高楼上，对他说："日月燎烤你的肉，狂风吹你的眼睛，烈日烤烧你的骨头，鱼鳖吃你的肉，你的骨头都变成了灰，看你还能看到什么？"于是把伍子胥的躯体扔到了江中。伍子胥的尸体就随着流水扬起的波浪，顺着潮水的涨落，猛烈激荡江岸。吴王又对被离说："你曾和伍子胥议论我的短处。"就对被离处以剃发之刑。

王孙骆听到伍子胥被杀、被离受刑的消息后，不上朝。吴王把王孙骆叫来问道："你莫非是因为我的原因不来上朝？"王孙骆说："我害怕罢了。"吴王说："你认为我杀伍子胥是太重了？"王孙骆说："大王心气高，伍子胥地位低下，大王就杀掉他。我的生命与伍子胥又有什么区别呢？所以我害怕。"吴王说："我不是因为听了太宰嚭的话才杀伍子胥，是伍子胥图谋害我。"王孙骆说："我听说作为一个国君,一定要有敢于直谏的大臣。在上位的人,一定要有敢于说话的朋友。伍子胥是先王的老臣。如果不忠诚不守信,他不会成为先王的大臣。"吴王内心很悲伤,后悔杀了伍子胥,说:"岂不是因为太宰嚭谗毁伍子胥?"就又要杀太宰嚭。王孙骆说:"不可。大王如果杀宰嚭,这是第二个伍子胥。"于是吴王没有杀太宰嚭。

夫差十四年,吴王夫差杀掉伍子胥后,吴国连年歉收,百姓多有怨恨。吴王又派兵讨伐齐国,在宋国、鲁国之间开掘了一条运河,北连沂水,西接济水。想在黄池和鲁、晋二国一起攻打齐国。吴王惟恐众大臣又来进谏,就在国内下令说:"我将讨伐齐国,有敢来进谏的,一律处死。"太子友知道伍子胥忠诚而不被重用,太宰嚭阿谀奉承却专权朝政。他想向吴王痛切陈言,又害怕被治罪,就用讽谕的形式进谏,启发吴王。一天清晨,他揣着弹丸,拿着弹弓,从后园出来,衣服鞋子都沾湿了。吴王觉得奇怪,就问道:"你怎么衣服鞋子都湿了,身上弄成这个样子?"太子友说:"我刚才到后园游玩,听到秋蝉的叫声,就走近观看。秋蝉登上高高的树枝,喝着清清的露水,听任风的挥动和阻挠,以长吟发出悲鸣,自以为安全。不知螳螂翻过树枝,沿着树条,摇曳着腰,挺起爪子,正摆出吃它的姿态。螳螂悄悄地往前爬,只想着有好处,不知绿树林中充满了黄雀,在树枝后徘徊,正跳跃着慢慢前进,想去啄螳螂。黄雀只知道等候时机,去尝尝螳螂的味道,岂不知我正拿着弹弓,要将弹丸高高射出,嚓的一声击中黄雀的背部。如今我只是一心想射中黄雀,没想到身边有个坑,忽然一脚踩中,掉到深井中。所以我身上、鞋子都湿了,差点被大王取笑。"吴王说:"天下没有比这更愚蠢的了。只贪图眼前的好处,不看看身后的灾祸。"太子友说:"天下还有比这更愚蠢的。鲁国是从周公延续下来的,有孔子施行教化,恪守仁义,怀抱道德,对邻国没有欲望,但齐国却兴兵进攻鲁国,不爱惜国民的生命,只想有所获取。齐国只知道发兵进攻鲁国,不知吴国已经动员了全国战士,竭尽国库钱财,跋涉千里去攻打它。吴国只知道越出国境,去征伐与我们无关的国家,不知越王将要挑选敢死之士,出三江口,入五湖,屠戮我们吴国,毁灭我们吴国宫殿。天下的危险没有超过这样的危险了。"吴王不听太子友的劝谏,仍旧发兵北伐齐国。

越王得知吴王率兵讨伐齐国,就派范蠡、曳庸率军队屯驻海上,直通江上,断绝吴军的退路。越军在始熊夷击败吴太子友的军队,通过长江、淮水转而袭击吴国,就进入吴国,烧掉了姑胥台,运走了吴国的大船。

吴军在艾陵击败齐军,吴王回师威逼晋国,与晋定公争做盟长,未能结盟。这时,吴国边境告急。吴王夫差非常害怕,召集诸臣商议说:"我们远离吴国,放弃盟会与继续前进,哪一个有利?"王孙骆说:"不如继续前进,这样就可以抓住诸侯的把柄,以求达到我们的目的。请大王告诫军士,严明军令,以高位为奖赏,以不服从命令为耻辱,让他们各自尽力效死。"黄昏时分,夫差命令喂饱战马,战士吃饱饭,全军带着兵器,披着盔甲,勒着马络头,口中衔枚,从灶中引上火把,在黑暗中行军。吴军都带着有图纹的犀牛皮的长盾牌和扁诸剑,排成方阵行进。中军都是白衣裳、白氅旗、白盔甲、白色羽毛箭,望去好像一片白茶花。吴王亲自拿着钺,拥戴军旗,站在阵中。左军都是红衣裳、红氅旗、红盔甲、红色羽毛箭,望去好像一片火。右军都是黑衣裳、黑战车、黑盔甲、黑色羽毛箭,望去好像一团墨。全副武装的三万六千名吴国士兵,鸡叫时分排定阵势,就在离晋军营地一里远的地方。天还没亮,吴王就亲自敲响战鼓,三军士兵大声喧哗,以振奋军威,声音震天动地。晋军非常惊恐,不出来迎战,回到工事里抗拒。晋国派童褐来到吴军探问情况,童褐说:"双方军队已停战和好,事先没有相约。现在贵国却违犯协定,兵临敝国军垒。请允许我大胆地问一下变乱的缘故?"吴王亲自回答说:"天子有命令,周王室卑弱,约定各诸侯国贡献,但各诸侯国没有向王室库藏进贡的,致使无法祭告天帝鬼神。姬姓各国无所震惊畏惧,天子就派使臣来吴国告急,使臣车驾络绎不绝。起初周王室依附晋国,所以疏远了我们这些夷狄国家。现在晋国这样背叛王室,所以我恭敬尽力来使晋君就位履责,但晋君不肯遵循兄长弟幼的礼节,只是以武力争强。我既然来了,就不敢轻易离去,晋君又不肯让我为盟长,使我被各诸侯耻笑。我服从晋君,在今天决定,不能服从晋君,使命也在今天了。我大胆地烦请使者回去转达,我将亲自在营垒外听答复。"童褐将要回去,吴王踩着他的左脚表示与他诀别。童褐返回汇报,与诸侯、大夫分坐在晋定公面前。童褐通报完吴王的意思,对赵鞅说:"我观察吴王的脸色,好像有非常忧虑的事情。小则宠妾或嫡子死了,要不就是吴国遇到了灾难;大则越国军队侵入吴国,吴军已无法回去。看他的意思,有极其犯愁的忧患,不论进退都轻于赴难。我们不能和他交战。主君应该答应先前约好的事情,不要因为争排行而危害国家。但也不能白答应,吴王必须表明他是守信用的。"赵鞅点头答应,进宫拜谒定公,说:"周朝姬姓国中,吴国先人是老辈,可以让吴王做盟长,以尽到国与国之间的礼节。"晋定公答应了,派童褐回复吴王。于是,吴王为晋国的仁义感到惭愧,就退回营帐中会盟。两国君臣都出席了,吴王自称"公",排在前边,

夫差内传

晋王称侯,排在吴王后边。众位大臣也都参加了盟誓。

吴王争得领先晋国地位后回国,还没有过黄池。越王听说吴王长期滞留,尚未回国,就带领军队准备越过章山,渡过三江,要讨伐吴国。吴王又害怕齐国、宋国发难,就派王孙骆向周王报告功劳,说:"过去楚国不向周王室奉献贡品,疏远兄弟国家。我先王阖闾不能容忍这种恶行,带剑举刀,与楚昭王在中原角逐。上天顾念先王的忠心,楚军惨遭失败。现在齐王比楚王更不贤明,又不遵从周王的命令,疏远兄弟国家。夫差不能容忍这种恶行,披甲带剑,径直到了齐国艾陵。上天降福于吴国,齐军败退。我夫差哪敢夸耀自己的战功,这是靠了文王、武王德业的祐助。当时回到吴国,不等庄稼成熟,就又经长江、淮水北上,在江、淮之间开沟通水,流经宋国、鲁国之间,回来向天子报告。"周王回答说:"是伯父夫差派你来的吧!盟国有一人为长就可靠了,我实在赞赏。伯父如果能辅佐我一个人,就会一起享受长久福祐,周王室还有什么可忧虑的呢?"于是赏赐弓弩、王位,加封王号、谥号。吴王从黄池归国后,予民休息,解散了军队。

夫差二十年,越王发动军队讨伐吴国,吴、越二军在樵李交战。吴军大败,军队溃散,死亡者不胜其数。越军紧追不舍,攻进吴国境内。吴王被困危急,派王孙骆叩拜越王,请求讲和,就像当年越王派使臣来向吴王求和一样。越王回复说:"昔日上天把越国赐给吴国,吴王不接受。今天上天把吴国赐给越国,我怎么可违背上天的旨意呢?我情愿献出句章、甬江以东的土地,与吴王共同作为这一地区的君主。"吴王说:"我们吴国在周王室,天子对先王还有祭祀的礼遇,如果越王能看在周王室的情分上,让吴国作为越国的附属国,我也是心甘情愿的。我的使者将请求结成邦国之好,希望大王也有意于此。"越大夫文种说:"吴王行为无道,现在幸而抓住,希望大王制裁他的性命。"越王回复吴王说:"我将摧毁你的国家,铲平你的宗庙。"吴王听后默不作声。吴国使者往返七次求和,越王不答应。

夫差二十三年十月,越王再次率兵讨伐吴国。吴国内外交困,无力迎战,士兵溃散,城门无人守卫。越军就屠杀吴国百姓。吴王率领群臣逃走,昼夜奔跑,三天三夜,到达秦余杭山。吴王胸中忧愁,满目茫然,步履慌乱,饥渴难耐,见有生稻谷,采来就吃,趴在地上喝些河沟的水。吴王回头问随从的人:"我刚才吃的叫什么?"随从的人回答说:"那是生稻谷。"吴王说:"这就是公孙圣所说的吃不到熟食,仓皇逃走。"王孙骆说:"吃饱了就走,前面胥山的西坡可以躲藏。"吴王起身前行,走了一会,见到地里长的已经成熟的瓜,就摘来吃。吴王问随从的人:"怎么冬天还长瓜?靠近路旁,怎么没人摘了吃?"随从的人说:"这是粪种长出的,人们不吃。"吴王问:"什么叫粪种?"随从的人说:"盛夏季节,人们吃生瓜,在路旁大小便,瓜籽又长出瓜,经过秋天霜打,人们厌恶它们,所以不吃。"吴王感叹说:"这就是伍子胥所说的早饭。"吴王对太宰嚭说:"我杀死了公孙圣,把尸体扔到了胥山顶上。我因此抱有害怕天下人责备的惭愧,脚迈不动步,内心也不想前去。"太宰嚭说:"死与生,失败与成功本来有躲得过去的吗?"吴王说:"是这样的。但事先就一无所知吗?你试着向前喊一下,如果公孙圣在,他会立即答应的。"吴王停在秦余杭山,太宰嚭喊道:"公孙圣!"喊了三次,公孙圣从山中回应道:"公孙圣!"三呼三应。吴王仰天呼叫说:"我难道还能够返回吴国吗?我将世世代代陪伴公孙圣了!"

不久,越兵追到,将吴王君臣围了三层。范蠡在越军中列,左手提着鼓,右手拿着鼓棰击鼓。吴王把信写在箭上射到文种、范蠡军中,信中写到:"我听说一旦狡猾的兔子被杀死,好狗也就该被烹杀了。如果敌国被消灭,出谋划策的大臣也必定死到临头。现在吴国已经不行了,大夫还担心什么呢?"大夫文种、相国范蠡加紧进攻。大夫文种也把信写在箭上射出,信上写道:"上天苍苍茫茫,像是要你存在,又像是要你灭亡。越王勾践的臣下文种大胆进言：过去上天把越国赐给吴国，吴王不肯接受，这是违反上天的旨意。越王勾践对上天恭敬，而且有功德，因此得以重返自己的国家。现在上天报答越王的功德，越王恭敬地接受，不敢忘记。况且吴国是犯了六个严重错误，以至于亡国，大王知道吗？有忠臣伍子胥因为尽忠直谏被你处死，这是第一个严重错误。公孙圣秉直进谏不被采纳，这是第二个严重错误。太宰嚭愚笨无知，喜欢花言巧语，为人轻浮，专事谗谀奉承，信口雌黄，你却听信并重用他，这是第三个严重错误。齐、晋二国没有倒行逆施的行为，没有僭越、奢侈的过错，吴国却讨伐二国，侮辱二国君臣，毁坏二国社稷坛，这是第四个严重错误。而且吴国和越国有着相同的方音历律，在天上同在一个星宿，在地下同处一个地脉，而吴国却侵略越国，这是第五个严重错误。当年是越王亲手杀伤了吴国先王阖闾，罪过没有比这再大了，而吴国有幸讨伐越国，你却不顺从上天旨意，放过了自己的仇敌，以致酿成大患。这是第六个严重错误。越王恭敬地禀告青天，怎敢不遵从天的旨意呢？"

大夫文种对越王说："时届中冬，气数已定，上天将施行杀戮。如不遵照天的旨意杀掉吴王，反而会受到惩罚。"越王恭敬地拜过，说："是。现在要杀吴王，该怎么办？"大夫文种说："大王披上五胜衣，佩戴步光剑，拿着屈卢矛,瞪大眼睛,大声呵斥,将他抓住。"越王说:"好。"于是按照大夫文种的意思对吴王说:"我确实想在今天听到您的答复。"过了一会,吴王还没自杀。越王又派人说:"大王怎么这样忍受屈辱、厚颜无耻呢?世上没有活一万年的国君,生死是一回事。现在你还有一些君王的荣耀,何必非让我的部众把兵刃加在你身上呢!"吴王仍不肯自杀。勾践对文种、范蠡说:"你二人怎么不去杀掉他?"文种、范蠡说:"我们处臣下之位,不敢加害国君。希望大王加紧命令,上天诛杀的旨意必须执行,不能久留。"越王再次瞪大眼睛怒斥道:"死,这是人人都憎恨的。但憎恨死,必须是没有得罪上天,没有辜负别人。现在你犯有六大罪过,却还不知羞辱,想侥幸求生,难道不觉得鄙陋吗?"吴王于是长叹一声,向四周望了望,说道:"好吧!"就拔剑自刎。越王对太宰嚭说:"你作为一个大臣,不忠于国君,不守信用,致使国家灭亡,国君自杀。"于是将太宰嚭及其老婆孩子一起杀死。

吴王临要自杀前,环顾四周,对身边的人说:"我活着内疚,死了也羞愧。假使死去的人还有灵知,我羞见先王于地下,不忍心看到忠臣伍子胥、公孙圣。假使死去的人没有灵知,那么在他们活着时,我对不起他们。我死之后,一定要编织丝带罩住我的眼睛,恐怕这样还不能完全遮住,请再将三幅罗绣重叠盖上,以便遮住光明。我活着时糊涂不清,死后不要暴露我的形体。我该怎样才行啊!"越王依照礼仪安葬吴王,墓址在秦余杭山的卑犹。越王让全军士兵为了越国的伟大功绩而集合起来,一人一把湿土,埋葬了吴王。太宰嚭也葬在了卑犹旁边。

勾践入臣外传

勾践(? —前465),春秋时越王。公元前496年,吴越交战,越军将吴王阖闾射伤致死。吴王夫差为父复仇,讨伐越国。勾践受困于会稽山,被迫屈膝求和。本篇即记载勾践战败后,被迫将国事托付给文种等大臣,携夫人及范蠡到吴国做奴仆的故事。

勾践到吴国后,"甘言以示忠,忍辱以示顺",内怀怨毒之心,而不流于外表。为了博取吴王的信任,他甚至亲口去尝吴王的粪便。吴王夫差刚愎自用,伍子胥几次劝他乘机杀掉越王,灭掉越国,他都不听。却偏听偏信太宰嚭的谗佞之言,为越王的假象所迷惑,放松了警惕,以致赦免他回国,放虎归山,酿成大患,给后人留下了深刻的历史教训。

越王勾践五年五月,与大夫种、范蠡入臣于吴,群臣皆送到浙江之上,临水祖道①,军阵固陵②。大夫文种前为祝,其词曰:"皇天祐助,前沉后扬。祸为德根,忧为福堂。威人者灭,服从者昌。王虽牵致,其后无殃。君臣生离,感动上皇。众天哀悲,莫不感伤。臣请荐脯③,行酒二觞④。"越王仰天太息,举杯垂涕,默无所言。种复前祝曰:"大王德寿,无疆无极。乾坤受灵⑤,神祇辅翼⑥。我王厚之⑦,祉祐在侧⑧。德销百殃,利受其福。去彼吴庭,来归越国。觞酒既升,请称万岁。"

越王曰:"孤承前王余德,守国于边,幸蒙诸大夫之谋,遂保前王丘墓。今遭辱耻,为天下笑,将孤之罪耶?诸大夫之责也?吾不知其咎,愿二三子论其意。"

大夫扶同曰:"何言之鄙也!昔汤系于夏台⑨,伊尹

---

① 祖道:古人在出行前祭祀路神称祖道。后来也称饯行为祖道。 ② 固陵:地名,今为浙江萧山西兴镇。 ③ 脯:干肉。此处指祭品。 ④ 觞:盛酒的杯。 ⑤ 乾坤:天地。受:同"授",给予。 ⑥ 神祇:天神地祇。辅翼:辅佐庇护。 ⑦ 厚之:以天地灵气、神祇辅佐为厚恩。 ⑧ 祉祐:福祉、祐助。 ⑨ 夏台:夏朝的监狱。

不离其侧①。文王囚于石室②,太公不弃其国。兴衰在天,存亡系于人③。汤改仪而媚于桀,文王服从而幸于纣。夏殷恃力而虐二圣,两君屈己以得天道。故汤王不以穷自伤,周文不以困为病。"

越王曰:"昔尧任舜、禹而天下治④,虽有洪水之害,不为人灾。变异不及于民,岂况于人君乎?"

大夫苦成曰:"不如君王之言。天有历数⑤,德有薄厚。黄帝不让,尧传天子。三王⑥,臣弑其君⑦。五霸⑧,子弑其父。德有广狭,气有高下。今之世犹人之市,置货以设诈,抱谋以待敌,不幸陷厄,求伸而已。大夫不览于斯,而怀喜怒。"

越王曰:"任人者不辱身,自用者危其国。大夫皆前图未然之端,倾敌破仇,坐招泰山之福。今寡人守穷若斯,而云汤文困厄后必霸,何言之违礼仪?夫君子争寸

---

① 伊尹:商汤的大臣,辅佐商汤讨伐夏桀,被尊为阿衡(宰相)。 ② 石室:商纣王囚禁周文王的地方。 ③ 系(jì记):关系,关涉。 ④ 尧:唐尧。舜:虞舜。禹:夏禹。他们是传说上古三代的圣明君主。 ⑤ 历数:即天道,上天运行的规律。 ⑥ 三王:指夏禹、商汤、周文王等三王。 ⑦ 臣弑其君:指周武王诛灭商纣,商汤诛灭夏桀,都是臣杀其君。 ⑧ 五霸:指春秋时代五个称霸天下的诸侯,一说为齐桓公、晋文公、秦穆公、宋襄公、楚庄王。

阴而弃珠玉,今寡人冀得免于军旅之忧,而复反系获敌人之手,身为慵隶,妻为仆妾,往而不返,客死敌国。若魂魄有知①,愧于前君;若无知,体骨弃捐②!何大夫之言,不合于寡人之意?"

于是大夫种、范蠡曰:"闻古人曰:居不幽,志不广;形不愁,思不远。圣王贤主,皆遇困厄之难,蒙不赦之耻。身拘而名尊,躯辱而声荣,处卑而不以为恶,居危而不以为薄。五帝德厚而无穷厄之恨③,然尚有泛滥之忧。三守暴困之辱④,不离三狱之囚。泣涕而受冤,行哭而为隶,演《易》作卦。天道祐之,时过于期,否终则泰⑤。诸侯并救王命,见符朱鬣、玄狐⑥,辅臣结发⑦,折狱破械,反国修德,遂讨其仇。擢假海内⑧,若覆手背,天下宗之,功垂万世。大王屈厄,臣诚尽谋。夫截骨之剑无削刻之

---

① 有知:原脱"知"字,据下文"若无知"补。 ② 弃捐:遗弃。 ③ 五帝:相传上古时代的五个帝王,各家说法不一。而无:原脱"无"字,据下文"然尚有"语补。 ④"三守"二句:其事不详。据正文"演《易》作卦",为周文王被商纣拘于羑里之事。则此二句所说当为周文王之事。 ⑤ 否终则泰:指闭塞到极点,则转向通泰。否、泰是《周易》的两个卦名。 ⑥ 符:祥瑞的征兆。朱鬣(liè):传说的神马。玄狐:黑狐,毛皮贵重。先秦时把朱鬣、玄狐的出现当作祥瑞。 ⑦ 结发:原意是成婚之夕男左女右共髻结发,引申为同心共志。 ⑧ 擢假:取代的意思。

利①,刍铁之矛无分发之便②,建策之士无暴兴之说。今臣遂天文③,案坠籍④,二气共萌⑤,存亡异处。彼兴则我辱,我霸则彼亡。二国争道,未知所就。君王之危,天道之数,何必自伤哉？夫吉者,凶之门；福者,祸之根。今大王虽在危困之际,孰知其非畅达之兆哉？"

大夫计砚曰⑥:"今君王国于会稽,穷于入吴,言悲辞苦,群臣泣之。虽则恨悷之心⑦,莫不感动,而君王何为谩辞诈说,用而相欺⑧？臣诚不取。"

越王曰:"寡人将去入吴,以国累诸侯大夫,愿各自述,吾将属焉。"

大夫皋如曰:"臣闻大夫种忠而善虑,民亲其知,士乐为用。今委国一人,其道必守。何顺心佛命群臣⑨？"

大夫曳庸曰:"大夫文种者,国之梁栋,君之爪牙⑩。夫骥不可与匹驰⑪,日月不可并照。君王委国于种,则万纲千纪无不举者。"

越王曰:"夫国者,前王之国。孤力弱势劣,不能遵

---

① 剟(duō 多):剔取。 ② 刍:同"掐"。 ③ 遂:观察。天文:天空星象。 ④ 案:查考。坠籍:失散的典籍。 ⑤ 二气:指阴阳二气。阴阳家认为阴阳二气是万物之源。 ⑥ 砚:《越绝书》作"倪"。 ⑦ 悷(lì 力):悲伤。 ⑧ 用:以,因此。 ⑨ 佛(fú 扶):大。 ⑩ 爪牙:比喻得力的才具。 ⑪ 骥:良马。匹驰:匹配其他的马一起奔驰。

守社稷，奉承宗庙。吾闻父死子代，君亡臣亲。今事弃诸大夫，客官于吴，委国归民，以付二三子①，吾之由也，亦子之忧也。君臣同道，父子共气，天性自然。岂得以在者尽忠，亡者为不信乎？何诸大夫论事一合一离，令孤怀心不定也？夫推国任贤，度功绩成者，君之命也。奉教顺理，不失分者，臣之职也。吾顾诸大夫以其所能，而云委质而已②。于乎③！悲哉！"

计硕曰："君王所陈者，固其理也。昔汤入夏，付国于文祀④。西伯之殷⑤，委国于二老⑥。今怀夏将滞⑦，志在于还。夫适市之妻教嗣粪除⑧，出亡之君敕臣守御⑨。子问以事，臣谋以能。今君王欲士之所志，各陈其情，举其能者，议其宜也。"

越王曰："大夫之论是也。吾将逝矣，愿诸君之风⑩。"

大夫种曰："夫内修封疆之役⑪，外修耕战之备。荒

---

① 二三子：等于说"你们几位"。 ② 委质：指人臣拜见国君，表示忠诚献身。 ③ 于乎：同"呜呼"。 ④ 文祀：商汤的大臣。 ⑤ 西伯：西方诸侯之长，即周文王。 ⑥ 二老：指周文王的两位大臣散宜生和姜尚，当时他们都已年老。 ⑦ 夏：从卢文弨说，当作"忧"。滞：通"遰"，意思是去、往。 ⑧ 嗣：子女。粪：打扫，清除。 ⑨ 敕（chì斥）：诫饬、告诫。 ⑩ 风：通"讽"，讽谕。 ⑪ 封疆：国家疆界。

无遗土,百姓亲附。臣之事也。"

大夫范蠡曰:"辅危主,存亡国。不耻屈厄之难,安守被辱之地。往而必反,与君复仇者,臣之事也。"

大夫苦成曰:"发君之令,明君之德。穷与俱厄,进与俱霸。统烦理乱,使民知分。臣之事也。"

大夫曳庸曰:"奉令受使,结和诸侯。通命达旨,赂往遗来①。解忧释患,使无所疑。出不忘命,入不被尤②。臣之事也。"

大夫皓进曰:"一心齐志,上与等之。下不违令,动从君命。修德履义,守信温故。临非决疑,君误臣谏。直心不挠③,举过列平。不阿亲戚,不私于外。推身致君,终始一分。臣之事也。"

大夫诸稽郢曰:"望敌设陈④,飞矢扬兵。履腹涉尸,血流滂滂⑤。贪进不退,二师相当⑥。破敌攻众,威凌百邦。臣之事也。"

大夫皋如曰:"修德行惠,抚慰百姓。身临忧劳,动辄躬亲。吊死存疾,救活民命。蓄陈储新,食不二味。国富民实,为君养器⑦。臣之事也。"

---

① 遗(wèi为):给予。 ② 尤:责怪、归咎。 ③ 挠:弯曲、屈服。 ④ 陈(zhèn阵):战阵。同"阵"。 ⑤ 滂滂:原指大水涌流,此处用以形容血流成河。 ⑥ 二师:左师和右师,军队的两翼。 ⑦ 器:器用。

大夫计硏曰："候天察地,纪历阴阳①。观变参灾,分别妖祥。日月含色,五精错行②。福见知吉,妖出知凶。臣之事也。"

越王曰："孤虽入于北国③,为吴穷虏,有诸大夫怀德抱术,各守一分,以保社稷,孤何忧焉?"遂别于浙江之上,群臣垂泣,莫不咸哀。越王仰天叹曰："死者,人之所畏。若孤之闻死,其于心胸中会无怵惕④。"遂登船径去,终不返顾。

越王夫人乃据船哭,顾鸟鹊啄江渚之虾⑤,飞去复来,因哭而歌之曰:

仰飞鸟兮乌鸢⑥,凌玄虚兮翩翩⑦。

集洲渚兮优悠,啄虾矫翮兮云间⑧。

任厥兮往还⑨。

妾无罪兮负地,有何辜兮谴天。

騑騑独兮西往⑩,孰知返兮何年!

---

① 纪历:记时的历法。 ② 五精:五方之星。 ③ 北国:指吴国,在越国北方。 ④ 怵(chù 处)惕:恐惧、惊惧。 ⑤ 渚(zhǔ 主):水中小块陆地。 ⑥ 鸢(yuān 鸳):鸷鸟名。俗称老鹰。 ⑦ 玄虚:指虚无缥缈的天空。兮:原作"号",因字形近而讹。 ⑧ 翮(hé 何):鸟翼。 ⑨ "厥"下原缺一字。 ⑩ 騑騑(fán 帆):马奔驰的样子。此处形容船行之快。

心惙惙兮若割①,泪泫泫兮双悬②。

又哀吟曰③:

彼飞鸟兮鸢鸟,已回翔兮翕苏④。

心在专兮素虾,何居食兮江湖。

徊复翔兮游飏,去复返兮于乎。

始事君兮去家,终我命兮君都。

终来遇兮何幸,离我国兮去吴。

妻衣褐兮为婢⑤,夫去冕兮为奴⑥。

岁遥遥兮难极,冤悲痛兮心恻⑦。

肠千结兮服膺⑧,于乎哀兮忘食。

愿我身兮如鸟,身翱翔兮矫翼。

去我国兮心摇,情愤惋兮谁识⑨。

越王闻夫人怨歌,心中内恸,乃曰:"孤何忧?吾之六翮备矣⑩!"

于是入吴,见夫差,稽首再拜称臣,曰:"东海贱臣勾

---

① 惙惙(chuò 绰):忧郁的样子。 ② 泫泫(xuàn 炫):流泪。 ③ 吟:原作"今",据万历本改。 ④ 翕(xī 息):聚合。苏:困顿后获得休息。 ⑤ 褐(hè 贺):粗布或粗布衣服。 ⑥ 冕:古代大夫以上贵族所戴的礼帽。后专指皇冠。 ⑦ 恻:悲痛。 ⑧ 服膺:牢记在胸中,衷心信服。 ⑨ 惋(wǎn 宛):怨恨、叹惜。 ⑩ 六翮(hé 何):指强健的羽翼。

践①,上愧皇天②,下负后土③。不裁功力④,污辱王之军士,抵罪边境⑤。大王赦其深辜,裁加役臣,使执箕帚。诚蒙厚恩,得保须臾之命,不胜仰感俯愧。臣勾践叩头顿首。"吴王夫差曰:"寡人于子亦过矣,子不念先君之仇乎?"越王曰:"臣死则死矣,惟大王原之。"伍胥在旁,目若熛火⑥,声如雷霆,乃进曰:"夫飞鸟在青云之上,尚欲缴微矢以射之⑦,岂况近卧于华池⑧,集于庭庑乎⑨?今越王放于南山之中,游于不可存之地,幸来涉我壤土,入吾柙梱⑩,此乃厨宰之成事⑪,食也,岂可失之乎?"吴王曰:"吾闻诛降杀服,祸及三世。吾非爱越而不杀也,畏皇天之咎,教而赦之。"太宰嚭谏曰:"子胥明于一时之计,不通安国之道。愿大王遂其所执⑫,无拘群小之口。"夫差遂不诛越王,令驾车养马,秘于宫室之中。

三月,吴王召越王入见。越王伏于前,范蠡立于后。

---

① 东海:越国临东海,故勾践自称"东海贱臣"。 ② 皇天:对天的尊称。 ③ 后土:对大地的尊称。 ④ 裁:裁断、量度。 ⑤ 抵:触犯。 ⑥ 熛(biāo 标)火:闪动的火焰。 ⑦ 缴(zhuó 卓):射鸟时系在箭上的生丝绳。 ⑧ 华池:泛指水池。 ⑨ 庑(wǔ 午):堂下周围的走廊、廊屋。 ⑩ 柙梱(bì kǔn 毕捆):也作"柙桭"。古代官署前放置的拦人马用的木栅栏。又叫"行马"。 ⑪ 厨宰:厨师。 ⑫ 遂:使实现。其:指勾践。所执:指执箕帚。

吴王谓范蠡曰:"寡人闻贞妇不嫁破亡之家,仁贤不官绝灭之国①。今越王无道,国已将亡,社稷坏崩,身死世绝,为天下笑。而子及主俱为奴仆,来归于吴,岂不鄙乎!吾欲赦子之罪,子能改心自新,弃越归吴乎?"范蠡对曰:"臣闻亡国之臣不敢语政,败军之将不敢语勇。臣在越不忠不信,今越王不奉大王命号,用兵与大王相持,至今获罪,君臣俱降。蒙大王鸿恩,得君臣相保。愿得入备扫除,出给趋走。臣之愿也。"此时越王伏地流涕,自谓遂失范蠡矣。吴王知范蠡不可得为臣,谓曰:"子既不移其志,吾复置子于石室之中。"范蠡曰:"臣请如命。"吴王起入宫中,越王、范蠡趋入石室。

越王服犊鼻②,着樵头③。夫人衣无缘之裳,施左关之襦④。夫斫剉养马⑤,妻给水、除粪、洒扫。三年不愠怒,面无恨色。

吴王登远台,望见越王及夫人、范蠡坐于马粪之旁,君臣之礼存,夫妇之仪具。王顾谓太宰嚭曰:"彼越王者,一节之人。范蠡,一介之士。虽在穷厄之地,不失君臣之礼,寡人伤之。"太宰嚭曰:"愿大王以圣人之心,哀

---

① 官:动词,做官。 ② 犊鼻:一种围裙。 ③ 樵头:樵夫戴的帽子。 ④ 左关之襦:前襟向左扣的短衣。 ⑤ 斫(zhuó 灼):砍、削。剉(cuò 挫):铡碎。

孤穷之士。"吴王曰："为子赦之。"后三月,乃择吉日而欲赦之。召太宰嚭谋曰："越之与吴,同土连域。勾践愚黠,亲欲为贼。寡人承天之神灵,前王之遗德,诛伐越寇,囚之石室。寡人心不忍见,而欲赦之,于子奈何?"太宰嚭曰："臣闻无德不复,大王垂仁恩加越,越岂敢不报哉?愿大王卒意①。"

越王闻之,召范蠡告之曰："孤闻于外,心独喜之,又恐其不卒也。"范蠡曰："大王安心,事将有意,在《玉门》第一②,今年十二月戊寅之日,时加日出③。戊,囚日也④。寅,阴后之辰也⑤。合庚辰岁⑥,后会也。夫以戊寅日闻喜,不以其罪罚,日也。时加卯而贼戊,功曹为腾蛇而临戊⑦,谋利事在青龙⑧。青龙在,胜先。而临酉,死气也。而克寅⑨,是时克其日,用又助之⑩。所求之事,上下有忧。此岂非天网四张,万物尽伤者乎?王何喜焉?"

---

① 卒:终、尽。 ②《玉门》:未详。据下文伍子胥亦引证之例,当是以五行相克测日吉凶的丛辰家著述。 ③ 日出:计时名称,为卯时。 ④ 囚日:戊日的征兆是囚禁。 ⑤ 阴后之辰:岁阴之后的辰次。 ⑥ 庚辰岁:干支纪年,这年是庚辰年。 ⑦ 功曹:十二月将的名称,为十月。腾蛇:借指青龙,四象属东方。 ⑧ 青龙:四象之一,东方青龙。 ⑨ 克:制胜。 ⑩ 用:因此。

果子胥谏吴王曰:"昔桀囚汤而不诛,纣囚文王而不杀,天道还反①,祸转成福。故夏为汤所诛,殷为周所灭。今大王既囚越君而不行诛,臣谓大王惑之深也。得无夏殷之患乎?"吴王遂召越王,久之不见。范蠡、文种忧而占之曰:"吴王见擒也②。"有顷,太宰嚭出,见大夫文种、范蠡而言越王复拘于石室。

伍子胥复谏吴王曰:"臣闻王者攻敌国,克之则加以诛,故后无报复之忧,遂免子孙之患。今越王已入石室,宜早图之,后必为吴之患。"

太宰嚭曰:"昔者,齐桓割燕所至之地以贶燕公③,而齐君获其美名。宋襄济河而战④,《春秋》以多其义⑤。功立而名称,军败而德存。今大王诚赦越王,则功冠于五霸,名越于前古。"吴王曰:"待吾疾愈,方为太宰赦之。"

---

① 还反:反转的意思。　② 见擒:以擒相加,即谓来捉拿。
③ "齐桓"句:指公元前663年,齐桓公援救燕国,北伐山戎,回师后燕庄公送齐桓公出境,齐桓公就将燕庄公所到之地割让给燕国。贶(kuàng况):赐予。　④ "宋襄"句:指公元前638年,宋、楚两国交战,部下劝宋襄公乘楚军渡河时发动进攻,宋襄公不听,非要等到楚军渡过河,摆好阵势,然后开战,结果宋军大败,留下千秋笑柄。　⑤《春秋》:此泛指历史记载。多:称赞。

后一月,越王出石室,召范蠡曰:"吴王疾,三月不愈。吾闻人臣之道,主疾臣忧。且吴王遇孤,恩甚厚矣。疾之无瘳①,惟公卜焉。"范蠡曰:"吴王不死,明矣。到己巳日,当瘳。惟大王留意。"越王曰:"孤所以穷而不死者,赖公之策耳。中复犹豫,岂孤之志哉!可与不可,惟公图之。"范蠡曰:"臣窃见吴王真非人也②,数言成汤之义而不行之③。愿大王请求问疾,得见,因求其粪而尝之,观其颜色,当拜贺焉。言其不死,以瘳起日期之④。既言信后,则大王何忧?"

越王明日谓太宰嚭曰:"囚臣欲一见问疾⑤。"太宰嚭即入言于吴王,王召而见之。适遇吴王之便⑥,太宰嚭奉溲恶以出⑦,逢户中⑧。越王因拜,请尝大王之溲,以决吉凶。即以手取其便与恶而尝之。因入曰:"下囚臣勾践贺于大王,王之疾至己巳日有瘳,至三月壬申病愈。"吴王曰:"何以知之?"越王曰:"下臣尝事师闻粪者,顺谷味,逆时气者死,顺时气者生⑨。今者,臣窃尝大王之粪,其恶味苦且楚酸。是味也,应春夏之气,臣以是知之。"吴王大悦,曰:"仁人也。"乃赦越王得离其石室,去就其

---

① 瘳(chōu 抽):病愈。 ② 非人:不是人,意思说不是好人。 ③ 成汤:即商汤,商开国之君。 ④ 瘳起日:即上文所言己巳日。期之:预告日期。 ⑤ 囚臣:越王谦称。 ⑥ 便:排便。 ⑦ 溲恶:尿和粪便。 ⑧ 户中:门口。 ⑨ 时气:四时之气。

宫室,执牧养之事如故。越王从尝粪恶之后,遂病口臭。范蠡乃令左右皆食岑草①,以乱其气。

其后,吴王如越王期日疾愈,心念其忠。临政之后,大纵酒于文台。吴王出令曰:"今日为越王陈北面之坐②,群臣以客礼事之。"伍子胥趋出,到舍上,不御坐③。酒酣,太宰嚭曰:"异乎! 今日坐者,各有其词。不仁者逃,其仁者留。臣闻:同声相和,同心相求。今国相刚勇之人,意者内惭至仁之存也④,而不御坐,其亦是乎?"吴王曰:"然。"

于是,范蠡与越王俱起,为吴王寿,其辞曰:"下臣勾践从小臣范蠡,奉觞上千岁之寿。辞曰:皇在上,令昭下四时。并心察慈仁者。大王躬亲鸿恩,立义行仁,九德四塞⑤,威服群臣。于乎休哉⑥! 传德无极,上感太阳,降瑞翼翼⑦。大王延寿万岁,长保吴国。四海咸承,诸侯宾服⑧。觞酒既升,永受万福。"于是吴王大悦。

明日,伍子胥入谏曰:"昨日大王何见乎? 臣闻内怀虎狼之心,外执美词之说,但为外情以存其身。豺不可

---

① 岑草:草名。 ② 北面:古代以坐北朝南为尊位,大臣面见国君称北面。 ③ 御:指使用、占用。 ④ 意者:抑或,料想。 ⑤ 九德:九种品德。四塞:四方藩卫之国。 ⑥ 于乎:同"呜呼"。休:美善。 ⑦ 翼翼:形容繁盛。 ⑧ 宾服:诸侯入贡朝见天子称宾服。

谓廉,狼不可谓亲。今大王好听须臾之说,不虑万岁之患。放弃忠直之言,听用逸夫之语。不灭沥血之仇①,不绝怀毒之怨。犹纵毛炉炭之上幸其焦②,投卵千钧之下望必全,岂不殆哉?臣闻桀登高自知危,然不知所以自安也;前据白刃自知死,而不知所以自存也。惑者知返,迷道不远。愿大王察之。"

吴王曰:"寡人有疾三月,曾不闻相国一言,是相国之不慈也。又不进口之所嗜,心不相思,是相国之不仁也。夫为人臣,不仁不慈,焉能知其忠信者乎?越王迷惑,弃守边之事,亲将其臣民,来归寡人,是其义也。躬亲为虏,妻亲为妾,不愠寡人,寡人有疾,亲尝寡人之溲,是其慈也。虚其府库,尽其宝币③,不念旧故,是其忠信也。三者既立,以养寡人。寡人曾听相国而诛之,是寡人之不智也,而为相国快私意耶!岂不负皇天乎?"

子胥曰:"何大王之言反也?夫虎之卑势,将以有击也。狸之卑身,将求所取也。雉以眩移拘于网④,鱼以有悦死于饵。且大王初临政,负《玉门》之第九⑤,诫事之败,无咎矣。今年三月甲戌,时加鸡鸣⑥。甲戌,岁位之

---

① 沥(lì)血:滴血,此指滴血立誓报仇。 ② 其:徐天祜说作"不"。 ③ 币:泛指财物。 ④ 雉:野鸡。眩移:光彩夺目。 ⑤《玉门》:当为以五行相克测日吉凶的丛辰家著述。 ⑥ 鸡鸣:为丑时。

会将也①。青龙在酉②,德在土③,刑在金④,是日贼其德也。知父将有不顺之子,君有逆节之臣。大王以越王归吴为义,以饮溲食恶为慈,以虚府库为仁。是故,为无爱于人,其不可亲。面听貌观,以存其身。今越王入臣于吴,是其谋深也。虚其府库,不见恨色,是欺我王也。下饮王之溲者,是上食王之心也。下尝王之恶者,是上食王之肝也。大哉!越王之崇吴,吴将为所擒也。惟大王留意察之,臣不敢逃死以负前王。一旦社稷丘墟,宗庙荆棘,其悔可追乎!"

吴王曰:"相国置之,勿复言矣,寡人不忍复闻。"于是,遂赦越王归国,送于蛇门之外⑤,群臣祖道。吴王曰:"寡人赦君,使其返国,必念终始,王其勉之。"越王稽首曰:"今大王哀臣孤穷,使得生全还国,与种、蠡之徒,愿死于毂下⑥。上天苍苍,臣不敢负。"吴王曰:"于乎!吾闻君子一言不再,今已行矣,王勉之。"越王再拜跪伏,吴王乃引越王登车,范蠡执御,遂去。

至三津之上⑦,仰天叹曰:"嗟乎!孤之屯厄,谁念复

---

① 岁位:岁星的位置。将:月将,日月相会之处。 ② 青龙:四象名称,东方青龙。 ③ 德:德神,丛辰名称。土:五行之一。 ④ 刑:刑神,也是丛辰名称。金:五行之一。 ⑤ 蛇门:吴国都城的东城门名。 ⑥ 毂(gǔ 鼓):车轮中心的圆木。此处引申为车轮。 ⑦ 三津:渡口名。

生渡此津也?"谓范蠡曰:"今三月甲辰,时加日昳①,孤蒙上天之命,还归故乡,得无后患乎?"范蠡曰:"大王勿疑,直眂道行②。越将有福,吴当有忧。"至浙江之上,望见大越山川重秀,天地再清。王与夫人叹曰:"吾已绝望,永辞万民。岂料再还,重复乡国。"言竟掩面,涕泣阑干③。此时万姓咸欢,群臣毕贺。

【翻译】

越王勾践五年五月,越王勾践和大夫文种、范蠡到吴国去充当臣下,大臣们送到浙江边上,在水边祭祀路神,为越王饯行,军队在固陵城下列阵送行。大夫文种向前致祝词,他说:"皇天保佑,越国是先覆没,然后奋起。灾祸是功德的根基,忧患是幸福的殿堂。威力欺人者将灭亡,屈服顺从者将昌盛。大王目前虽然牵累至此,但此后没有灾殃。我们君臣活活离散,感动了上天。上天都感到悲哀,莫不感伤。请允许我进献祭品,诸位依次干了这两杯酒。"越王仰天叹息,举起酒杯,流下眼泪,默默无语。文种又向前祝告说:"大王的功德寿命,无边无际。天地赋给他灵气,神祇为他辅佐庇护。我们

---

① 日昳(jié 捷):日昃,午后日偏斜。在干支纪时中,属未时。 ② 眂(shì 视):古"视"字。 ③ 阑干:纵横交错的样子。

大王深感天地神祇厚恩，福祐就在他身边。大王的德行可以消去诸种灾祸，有利于接受上天的赐福。最终会离开吴国，回到越国。杯中已斟满了酒，请呼喊万岁。"

越王说："我继承先王留存的功德，在边境守卫国家，幸亏诸位大夫的谋划，才得以保住先王的陵墓。如今我遭受奇耻大辱，被天下人讥笑，这是我的罪过呢？还是诸位大夫的责任呢？我不知错在何处，请诸位议论一下。"

大夫扶同说："为什么话说得这么鄙陋！过去商汤被关在夏朝监狱里，大臣伊尹不离左右。周文王被囚禁在石室中，姜太公不抛弃他的国家。国家的兴衰在于天意，国家的存亡则关系于人的努力。商汤更改仪容以取媚于夏桀，周文王屈服顺从而获取商纣王的宠信。夏桀、商纣依仗武力，虐待商汤、周文王两位圣人，而两位圣人委屈己身，得到了天道。所以商汤没有因为穷迫而悲伤，周文王没有把困窘当作心病。"

越王说："从前唐尧任用虞舜、夏禹，天下大治，虽然有洪水泛滥之灾，但没有对百姓形成灾害，自然灾害没有祸害到人民，何况对于一国之君呢！"

大夫苦成说："事实不像大王说的那样。上天有自己运行的规律，人的道德有厚薄之分。黄帝没有禅让，尧却把天子位传给了舜。三王时代，大臣杀死国君。五霸时代,儿子杀死父亲。道德有广狭之分,气度有高下之别。当今社会好比人到集市上,布置货物用来设计诈骗,怀抱计谋用来对付敌手,如果不幸陷入困境,寻求舒展就是了。大夫们看不到这一点,才心怀喜怒。"

越王说:"知人善任的国君不会使自身受侮辱,刚愎自用的国君则会危害国家。大夫都应该事前谋虑到事态的端倪,为国家歼灭仇敌,让国君轻易得到泰山般的福祐。现在我如此困守穷迫,而你们却说什么商汤王、周文王先遭困厄,后必称霸,这些话多么违背礼仪!君子为了争取一寸光阴,可以丢弃珠宝玉石。现在我期望免除战争之忧苦,然而却反被敌人俘虏,自己成为奴隶,妻子成为婢妾。我这一去就回不来,将客死敌国。假如魂魄有知,我愧对先王;如果无知,我这把骨头被遗弃!为什么诸位大夫的话,不合乎我的心意呢?"

于是,大夫文种、范蠡说:"听古人说:居处不幽暗,志向就不会广阔;外表没有忧愁,思虑就不会深远。圣王贤主,都曾遇到过困厄的危难,蒙受过不可赦免的耻辱。但他们自身虽被拘禁,名位却更尊贵;躯体受到侮辱,声望却更荣耀。他们处卑贱之位,但不认为是恶运,居危险之地,但不认为是薄情。五帝道德深厚,没有穷厄的怨恨,但也还有洪水泛滥的担忧。周文王三次忍受极度困窘的耻辱,先后被关过三个监狱,都没有逃离。

他只是哭泣着忍受冤屈,边走边哭地去做奴仆,推演《周易》作六十四卦。幸赖上天祐护,过了这段时期,便时来运转。诸侯共同援救文王性命,朱鬣、玄狐的出现成为祥瑞的征兆,辅佐大臣都同心协力,打开牢笼,打破枷锁,文王回到了周,广施恩德,得以讨伐他的仇敌。此时周文王要在海内取代商纣,易如反掌,天下人以他为宗主,功垂万世。大王在困境中委屈求全,大臣竭诚尽力谋划。能砍断骨头的剑没有削皮剔毛的便利,能刺穿铁的矛没有分理头发的方便,出谋献策的士人没有使国家突然兴盛的论说。近来我们观察天象,查考失散的典籍,认识到阴阳二气共同萌生,但生存灭亡却有不同的安排。吴国兴盛,那么我们越国就要受辱;我们越国称霸,那么吴国就要灭亡。两国争道,不知天意属谁。大王的危难,乃是天道的气数,何必自我悲伤呢?吉是凶的由来,福是祸的根源。现在大王虽然处于危难困厄的时刻,但谁知这不是畅达的先兆呢?"

大夫计砚说:"大王在会稽立国,被迫入吴,言辞悲苦,群臣为之哭泣。虽然这是出于悔恨悲伤之心,没人不被感动,但大王为什么要说一些虚浮的言词,用来欺骗众人呢?我认为实不可取。"

越王说:"我将要离开越国到吴国去,国事就麻烦诸位大夫了,希望各位谈一下自己的看法,我将以越国相托。"

大夫皋如说:"我听说大夫文种忠诚而善于思考,百姓切身体验到他的智慧,士人乐意为他所用。现在把国家委托给文种一人,治理国家的方针一定能够坚持。何必随心所欲地广泛委托群臣呢?"

大夫曳庸说:"大夫文种是国家的栋梁,大王的爪牙。良马不可与它相配并驰,日月不可一同照耀。大王如能把国家委托给文种,那么千万纲纪都会得到伸张。"

越王说:"国家是先王的国家,我力量薄弱,势力低劣,不能守护社稷,奉祀宗庙。我听说父亲死了,儿子代替;国君不在,大臣亲政。现在我把国事丢给诸位大夫,到吴国客居任职,国家和人民都托付给你们几位。这是我的作法,也是你们的担忧。君臣同道,父子共气,这是天赋本性,自然而然的。难道能认为留在国内就是尽忠,流亡就是不可信的吗?为什么诸位大夫议论事情一部分赞同,一部分异议,让我心怀不定呢?推让国家,任命贤良,衡量功德,考核成就,这是国君的使命。奉行教化,遵循常理,不失本分,这是大臣的职责。我看诸位大夫,是根据他们的才能,而你们却说只要忠诚献身就可以了。呜呼!可悲啊!"

计砚说:"大王所说的,固然有理。当年商汤入夏时,将国家托付给文祀。周文王赴商时,将国家委托给姜尚、散宜生两位老臣。现在您心怀忧虑将要前往吴国，而您的志意在于回到越国。要到集市去的妻子会吩咐子女扫除，出逃的国君会命令大臣守卫国家。儿子用所做的事来问父亲，大臣用自己的才能为国君谋划。现在大王要了解士人的志向，各人陈述自己的情况，列举自己能做的事，议论应该采取的措施。"

越王说："你的意见是对的。我就要离开越国了，希望诸位讽谕。"

大夫文种说："对内整治守卫疆界的兵役，对外整治农耕习战的准备。荒野没有遗弃的田地，百姓亲附。这是我的事情。"

大夫范蠡说："辅佐危难中的君主，保存危亡的国家。不以遭受屈辱、困厄之难为耻，安心守在被侮辱的境地。这次去吴国一定要回来，为国君报仇。这是我的事情。"

大夫苦成说："发布国君的命令，宣扬国君的恩德。穷迫时与他共患难，发达时随他称霸天下。统筹处理各种烦琐事务，清理混乱政事，使百姓知道本分守己。这是我的事情。"

大夫曳庸说："奉命出使，结交诸侯。通报国君旨意，赎赠来往使者。解忧释患，消除对方的疑虑。出使国外，不忘自己的使命；回到国内，不被别人责怪。这是我的事情。"

大夫皓进说:"一心齐志,与君上心志等同。臣下不违抗国君的命令,一切行动听从国君的差遣。修养道德,履行正义,遵守信用,温习故训。帮助决断疑难,国君失误,臣下敢于进谏。正直心志,不屈不挠,检举过失,处事公平。不偏袒亲戚,不私通外国。把整个身躯都奉献给国君,始终如一。这是我的事情。"

大夫诸稽郢说:"瞭望敌人,设置战阵,射出飞箭,高举兵器,踩着敌人肚子,跨过敌人尸体,让敌人血流成河。只知进攻,不知后退,左右两军互相配合。击破敌众,威临诸侯各国。这是我的事情。"

大夫皋如说:"修明德政,施行恩惠,抚慰百姓。亲自前往操心慰劳,事必躬亲。吊唁死者,慰问病人,救活百姓生命。积蓄陈粮,储藏新谷,食物不求两种滋味。国家富裕,百姓殷实,为国君养护器用。这是我的事情。"

大夫计硕说:"观察天地,测定阴阳历数。观察验证灾变,分别妖异吉祥。日月发生食变,五方之星运行错乱,福瑞出现知道是吉,妖异出现知道是凶。这是我的事情。"

越王说:"我虽然要到北方的国家,成为吴国的一个穷国俘虏,但有诸位大夫胸怀道德,抱负方略,各司一职,以保卫国家,我还有什么可担忧的呢?"就在浙江边与众人告别,大臣仍都垂头啜泣,无不哀痛。越王仰天长叹说:"死是人人都害怕的,可现在如果我听到死,内心一点也不会感到恐惧。"于是登船径直离去,始终没再回头。

越王夫人于是扶着船哭泣,看到乌鹊啄食江中小岛的虾,飞来飞去,就哭着唱道:

仰看飞鸟啊乌鸦老鹰,直冲天空啊来去翩翩。

栖集在江中小岛啊悠闲任意,啄虾展翅啊飞上云间。

任它啊飞去又飞还。

我没有罪过啊辜负大地,有什么罪孽啊遭受天谴。

飞快的船多么孤独啊载我西去,谁知回来啊在哪一年!

我心忧郁啊如同刀割,眼泪流淌啊双挂腮边。

又哀吟道:

那飞鸟啊老鹰,已经飞回来啊聚在一起休息。

一心只想啊白色的虾,哪里食宿啊在江湖。

徘徊又翱翔啊顺风飞飏,离开又返回啊呜呼哀哉。

当初服事国君啊离开家乡,直到我生命终了啊在国君之都。

到头来我的遭遇啊有什么幸运?离开我们越国啊

到吴国去。

妻子穿着粗布衣服啊作婢妾,丈夫除掉礼帽啊作奴仆。

岁月悠悠啊看不到头,冤屈而悲痛啊内心悱恻。

愁肠千结啊痛苦牢记胸中,呜呼哀叹啊忘记了吃饭。

但愿我的身体啊像飞鸟,身体翱翔啊展翅高飞。

离别我们越国啊内心摇荡,心情怨恨啊有谁知道。

越王听到夫人怨愤的歌声,内心非常悲痛,可对自己说:"我有什么可忧虑的?我的翅膀已经硬了。"

于是越王到了吴国,见到吴王夫差,磕头再拜,自称臣下,对夫差说:"东海贱臣勾践,上愧对皇天,下有负后土。我不自量力,污辱大王的军队,在两国边境犯下了罪孽。大王赦免我深重罪孽,判我做个差役小臣,让我拿簸箕扫帚服役。承蒙大王厚恩,得以暂时保住性命,我不胜感激、愧疚之至。臣勾践叩头顿首。"吴王夫差说:"我对你也过分了,但你没想想杀伤我先王的深仇吗?"越王说:"我死有余辜,希望大王宽恕。"伍子胥在旁边,目光闪射如火,声音好似雷霆震耳,上前进谏说:"飞鸟在青云之上,人们还想用带着生丝绳的箭把它射下来,更何况就卧在眼前的水池,栖在庭院的走廊上呢?越王放肆于南山之中,游荡在不该他占有的地方,如今侥幸他踏上了我们的土地,入了我们的栅栏,这是厨师完成的事情,是食物,岂可失去机会?"吴王说:"我听说杀戮降服的人,将要祸及三代。我不是因为喜欢越王而不杀他,我是害怕上天怪罪,是上天教我赦免他。"太宰嚭进谏说:"子胥只明了一时之计,而不懂安国之道。希望大王按自己的主意行事,不要受小人们意见的拘束。"于是夫差不杀勾践,而让他驾车养马,把他秘密地关在宫室中。

三月,吴王召见越王。越王跪在前面,范蠡站在他身后。吴王对范蠡说:"我听说贞妇不嫁破败的人家,仁人贤士不在断绝灭亡的国家做官。如今越王无道,越国将要灭亡,不久就社稷崩溃,自身死亡,世代断绝,被天下人耻笑。而你却和主人一起做奴仆,来归顺吴国,难道不觉得卑贱吗?我想宽恕你的罪过,你能改过自新,抛弃越国归顺吴国吗?"范蠡回答说:"我听说亡国之臣不敢谈论政事,败军之将不敢谈论英勇。我在越国不忠诚不守信,现在越王不遵从大王的号令,用兵与大王对峙,以至如今犯下罪孽,君臣一起投降。幸蒙大王鸿恩,我们君臣得以保住性命。我愿入内为大王洒扫门庭,出外供大王驱使。这就是为臣我的心愿。"此时越王趴在地上泪流满面,自以为就要失去范蠡了。吴王知道无法让范蠡做自己的大臣,就对他说:"你既然不改变自己的志向,那我就要再把你关到石室中去。"范蠡说:"我请求从命。"吴王起身回到宫中,越王、范蠡又走进石室。

越王围着围裙,戴着樵夫戴的帽子。夫人穿着不缝边的衣裳,外罩前襟左扣的短衣。丈夫铡饲料喂马,妻子担水、清除粪便、洒扫马圈。三年不曾恼怒,脸上没有怨恨的神色。

吴王登上远处高台,望见越王及夫人、范蠡坐在马粪旁,仍保持君臣的礼节,具备夫妇之间的礼仪。吴王回头对太宰嚭说:"越王是一个有气节的人,范蠡是一个耿直的士人。他们虽然处在穷迫困厄的境地,但仍不失君臣之礼,我为之感到悲伤。"太宰嚭说:"愿大王以圣人之心,哀怜这几个孤苦穷愁的人。"吴王说:"我为你赦免他们。"三个月后,吴王择定吉日,要赦免越王。他召来太宰嚭商议说:"越国和吴国同在一片土地,疆域相连。勾践愚笨而又狡黠,他本人想做盗贼。我承蒙上天神灵祐护,仰仗先王的遗德,讨伐越寇,并将越王关进了石室。我不忍心看到越王现在的样子,想赦免他,你以为怎么样?"太宰嚭说:"我听说没有得不到回报的恩德。大王施加仁恩于越王,越王岂敢不报答啊?希望大王完成这一心愿。"

越王得知消息,召来范蠡告诉他说:"我从外边听到了这个消息,内心独自高兴,但又担心不能实现。"范蠡说:"大王安心,这事将有意图。此事在《玉门》第一。今年十二月戊寅日,时辰加于日出卯时。戊日是囚禁的日子。寅日是岁阴后的辰次。结合这年是庚辰年,相会在后。因为在戊寅日听到喜讯,不会因为他的罪过而受罚,这是日期的征兆。时辰加于卯时,因而有害于戊日。月将十月功曹是青龙,然而对着戊日,谋利的事情发生在东方青龙。如果在青龙,先得胜利。但是对着酉日,这是死亡的气数。因而制胜寅日,这是时辰制胜它的日期,因此又帮助了时辰。我们所要求的事情,上下都有忧患。这难道不是天网四面张开,万物全受伤害的征兆吗?大王哪有什么喜讯?"

果然,伍子胥劝谏吴王说:"从前夏桀囚禁商汤而不杀,商纣囚禁周文王而不杀,天道反转,祸变成了福。因此夏被商汤诛灭,商被周灭亡。如今大王已把越王囚禁起来,却又不杀掉,我认为大王受迷惑太深了,能不重蹈夏商的覆辙吗?"于是吴王召来越王,但很久不接见。范蠡、文种感到担心,就占了一卦,卦辞说:"吴王来擒拿了。"过了一会,太宰嚭出来接见大夫文种、范蠡,说越王将再次被关到石室中。

伍子胥再次劝谏吴王说:"我听说王者进攻敌国,攻克后就将敌方国君杀掉,因此后世没有被报复的担忧,为子孙后代免去祸患。现在越王已被关进石室,应该早作图谋,不然以后必然成为吴国的祸患。"

太宰嚭说:"从前,齐桓公将燕王送他所到之地割让给燕国,作为对燕王的赏赐,因而齐桓公获得了美名。宋襄公渡河再战,历史上都称赞他的仁义。齐桓公功成名就,宋襄公军队虽败,道德长存。现在大王如果真能赦免越王,那么功德就在五霸之首,名声超越古人。"吴王说:"等我病愈,方好为太宰嚭赦免越王。"

一个月之后,越王走出石室,叫来范蠡说:"吴王病了,三个月不见好。我听说为臣之道,君主生病,臣下担忧。况且吴王待我,恩义太厚了。吴王的病不见痊愈,想让你占卜一下。"范蠡说:"吴王不会死,这是清楚的。到己巳日,吴王的病就该好了。我想请大王留意。"越王说:"我之所以遭困厄而没有死,都是仰仗你的计策。中途再犹豫,岂是我的志向!事情可否成功,就看你的计谋了。"范蠡说:"我私下看吴王真不是个好人,数次对他晓以成汤之大义,他都不施行。希望大王请求探问病情,如能见到吴王,就要求尝一下他的粪便,观察吴王的脸色,然后就跪拜庆贺,说他不会死,并预言病好的日期。等您的话被证实以后,大王还有什么可担忧的呢?"

越王第二天对太宰嚭说:"囚臣我想见吴王一面,探问病情。"太宰嚭当即进去告诉了吴王,吴王召见越王。正巧赶上吴王大便,太宰嚭端着吴王的粪尿出来,在门口碰到越王。越王就向太宰嚭拜了拜,请求尝一下大王的尿,以断定吉凶。说完就用手取吴王的尿与粪便尝了尝。尝后就进去对吴王说:"囚犯臣勾践向大王祝贺,大王的病到己巳日将见好,到三月壬申就会痊愈。"吴王说:"你怎么知道。"越王说:"臣下曾经拜专门闻粪便的人为师,粪便与谷物味道一致,而与季节气候相逆,将会死掉,与季节气候一致,将会存活。如今,我私下尝了大王的粪便,其臭味苦而酸楚。这种味道是顺应春夏之气,因此我知道大王将会痊愈。"吴王非常高兴,说:"真是个仁义之人。"于是宽恕越王,允许他离开石室,到宫室去住,继续做放牧、养马之类的活。越王自从尝了吴王的粪便之后,就落下口臭的毛病。于是范蠡让越王身边的人嚼食岑草,以淆乱越王口中散发出的气味。

后来,吴王在越王预言的日期病愈,内心顾念越王的忠诚。临政之后,在文台大摆酒宴。吴王下令说:"今天要为越王安排面朝北的座席,群臣要以宾客之礼相待。"伍子胥快步走出,回到了家里,没有入席。酒喝到酣畅之时,太宰嚭说:"奇怪啊!今天在座的,各有说词。不仁的人逃开了,仁义的人留下了。我听说:同声相和,同心相求。如今国相这样刚强勇猛的人,大概是看到世上还有越王这样的大仁大义,内心羞愧,因而没有入席,应该是这样吧?"吴王说:"是的。"

这时,范蠡与越王一起站起来,为吴王祝寿,他们的祝词说:"下臣勾践、随从小臣范蠡,奉上杯酒,祝大王寿极千岁。祝词是:皇天在上,下令光照天下四季,用心体察慈善仁义的人。大王亲自惠施鸿恩,树立道义,施行仁政,您的高尚品德惠及四周各藩卫国,您的威仪镇服了群臣。呜呼,尽善尽美啊!大王的品德将被永远传颂,上天感动太阳,降下众多祥瑞。大王长寿万年,长久保祐吴国。四海之内都顺从,诸侯入贡朝觐。杯中已斟满了酒,祝愿大王永远享受万种福祐。"听到这些,吴王非常高兴。

第二天,伍子胥入宫向吴王进谏说:"昨天大王看见什么了吗?我听说骨子里怀有虎狼之心的人,表面上操着华美的说词,这种人只是做出一些表面情意,用来保护自己。豺不能认为清廉,狼不能以为亲近。现在大王喜欢听一些只顾眼前的言词,而不考虑后世的忧患。放弃忠直之言,偏听偏信谗佞小人的话。不消灭滴血立誓报复的仇敌,不杜绝心怀恶毒的怨恨。这好比把毛发放在炉火上,而侥幸不被烧焦;把鸡蛋放在千钧重压之下,而希望完好无损,岂不危险吗?我听说夏桀登高之后,知道自己处境危险,但不知怎样才能使自己安全;胸前顶着锋利的刀刃,知道自己有死的危险,但不知怎样才能保存自己。迷惑者知道回来,迷失的路还不太远。愿大王明察。"

吴王说:"我有病三个月,不曾听到相国一句慰问的话,这是相国不慈爱。又不进献我喜欢吃的东西,心里也不惦记,这是相国不仁义。作为一个臣下,不慈爱,不仁义,怎么能知道他是忠诚守信的呢?越王迷惑,放弃守卫边境,亲自率领臣民,归附于我,这是他的仁义。亲自到吴国做奴仆,妻子亲自做婢妾,不恨我,我有病,他亲口尝我的粪便,这是他的慈爱。交空他的国库,献尽他的珍宝财物,不再思念旧日的荣华富贵,这是他的忠诚守信。越王具备了这三种品德,以此侍奉我。我如果听相国的话将他杀掉,那是我的不明智,而为相国私心痛快,岂不是有负皇天啊!"

伍子胥说:"怎么大王的话如此违背情理?虎摆出卑弱的架势,将要用来发动进攻。狐狸装出一副卑微的样子,将要用来寻求所要取得的东西。野鸡因为羽毛光彩夺目,而被张网捕捉。鱼因为喜欢贪吃,才死在钓饵上。而且大王病后刚刚临朝问政,违反《玉门》第九,它要人们以事情失败为训诫,便没有过失了。今年三月甲戌日,时辰加于丑时。甲戌,岁星位置与月将会合。东方青龙在酉辰,德神在土方,刑神在金方,这是太阳贼害自己的德行。据此可知,父亲将有不孝顺的儿子,国君将有变节的大臣。而大王却把越王归附吴国当成义行,把他饮尿吃屎当成慈爱,把他搬空国库当成仁义。因此,越王对人民没有仁爱之心,他不可亲近。他察言观色,目的是保全自己的生命。现在越王到吴国为臣,这是他的老谋深算。交空越国的仓库,可不见有怨恨的脸色,这是他欺骗大王。他在下边喝大王的尿,是为了朝上边吃大王的心;他在下边吃大王的粪便,是为了朝上边吃大王的肝。重大啊!越王尊崇吴国,吴国将会被他侵占。希望大王留心观察,我不敢逃避死亡以辜负先王。一旦社坛变成废墟,宗庙长满荆棘,那后悔还来得及吗?"

　　吴王说:"相国把这事放在一边,不要再说了,我不忍再次听到。"于是,吴王赦免越王回国,并亲自送到蛇门外,诸位大臣也都来为越王饯行。吴王说:"我宽恕你,让你回到自己的国家,你一定要始终记着这份情意,以此自勉。"越王跪地叩头,说:"如今大王可怜我孤苦穷迫,让我活着回到越国,我和文种、范蠡之辈,甘愿为您死于车轮之下。苍天在上,我不敢背叛大王。"吴王说:"呜呼!我听说君子一句话不说两遍,如今你已说过了,就此自勉。"越王跪伏在地,再次叩拜,吴王拉起越王,让他上车,范蠡驾着车,越王一行就离去了。

　　越王一行到了三津渡口,越王仰天长叹说:"唉!我身陷困境,谁想到还能活着过这个渡口?"又对范蠡说:

"现在是三月甲辰日未时,我承蒙上天的旨意,回归故乡,今后是否还会有灾祸呢?"范蠡说:"大王不必有疑虑,望着前边的路一直走,越国将会得到福祐,吴国则会有忧患。"到了浙江边上,望见大越山川重秀,天地再现清明。越王与夫人感叹说:"我本已绝望,以为将永远离开越国百姓。谁料还能再回来,重建故国。"说完掩面痛泣,热泪纵横。此时越国百姓都欢欣鼓舞,诸位大臣纷纷前来祝贺。

勾践阴谋外传

越王勾践骗取吴王夫差的信任,被放回越国之后,励精图治,立志灭吴雪耻。他采纳大臣文种、范蠡、计砚等人的计谋,假意顺从吴国,不存一点野心。勾践为了博取夫差的欢心,还将特意训练过的美女西施、郑旦进献给夫差。夫差贪恋美色,不听伍子胥的忠谏,放松了对勾践的警惕,甚至借粮给越国,养痈成患。勾践在国内减赋免税,与民休养生息,国力迅速恢复。他又聘请精通剑术的越女,精通射术的陈音,训练军队,增强了越国的军事实力。经过"十年生聚,十年教训",越国国富兵强,形成了与吴国抗衡的实力。

越王勾践十年二月,越王深念远思,侵辱于吴,蒙天祉福,得返越国①。群臣教诲,各画一策,辞合意同,勾践敬从,其国已富②。反越五年,未闻敢死之友③。或谓诸大夫爱其身,惜其躯者。乃登渐台④,望观其群臣有忧与否。相国范蠡、大夫种、句如之属俨然列坐,虽怀忧患,不形颜色。越王即鸣钟惊檄而召群臣⑤,与之盟曰:"寡人获辱受耻,上愧周王,下惭晋楚。幸蒙诸大夫之策,得返国修政,富民养士。而五年未闻敢死之士、雪耻之臣。奈何而有功乎?"群臣默然莫对者。越王仰天叹曰:"孤闻主忧臣辱,主辱臣死。今孤亲被奴虏之厄,受囚破之耻,不能自辅,须贤任仁,然后讨吴。重负诸臣大夫,何易见而难使也?"

于是,计砚年少官卑,列坐于后,乃举手而趋,蹈席而前进曰:"谬哉,君主之言也。非大夫易见而难使,君王之不能使也。"越王曰:"何谓?"计砚曰:"夫官位、财币、金赏者,君之所轻也。操锋履刃,艾命投死者⑥,士之所重也。今王易财之所轻⑦,而责士之所重,何其殆哉!"

---

① 返:原本无"返"字,从徐天祜说补。 ② 已:通"以",因而。 ③ 友:卢文弨校作"士"。 ④ 渐台:水中或傍水高台。 ⑤ 檄:古代用来征召、声讨的文书。 ⑥ 艾(yì 义):通"刈",割、收割。 ⑦ 财:据上文"君之所轻"及下文"责士之所重",此当作"君"。

于是越王默然不悦,面有愧色,即辞群臣,进计砚而问曰:"孤之所得士心者,何等①?"计砚对曰:"夫君人②,尊其仁义者,治之门也。士民者,君之根也。开门固根,莫如正身。正身之道,谨左右。左右者,君之所以盛衰者也。愿王明选左右,得贤而已。昔太公九声而足③,磻溪之饿人也④,西伯任之而王⑤。管仲⑥,鲁之亡囚,有贪分之毁⑦,齐桓得之而霸。故传曰:失士者亡,得士者昌。愿王审于左右。何患群臣之不使也?"越王曰:"吾使贤任能,各殊其事。孤虚心高望,冀闻报复之谋。今咸匿声隐形,不闻其语,厥咎安在⑧?"计砚曰:"选贤实士,各有一等⑨。远使以难,以效其诚。内告以匿,以知其信。

---

① 等:相等,针对计砚批评勾践对大臣要求轻重不相等。② 君:动词,君主统治。 ③ 太公:即西周文王、武王两朝辅命大臣太公望吕尚,俗称姜太公。九声:宫、商、角、徵、羽五声,合宫清、商清、角清、徵清四高声为九声。这里用来表示歌唱。九声而足,是说歌唱行乐,自在生活。 ④ 磻(pán 盘)溪:相传为太公望未遇周文王前垂钓之处,地在今陕西宝鸡市东南。 ⑤ 王(wàng 枉):动词,成为王。 ⑥ 管仲(?—前645年):名夷吾,字仲。春秋时齐国国相,辅佐齐桓公,使桓公成为春秋五霸之首。 ⑦ 贪分之毁:管仲曾与鲍叔牙一起做买卖,分利时多分给自己,故有"贪分之毁"。 ⑧ 厥:其中。咎:过失。 ⑨ 一等:一类轻重相等的选择标准。句意是说各有相应的原则。

与之论事,以观其智。饮之以酒,以视其乱。指之以使,以察其能。示之以色,以别其态。五色以设①,士尽其实,人竭其智。知其智尽其实②,则君臣何忧?"越王曰:"吾以谋士效实,人尽其智,而士有未尽进辞有益寡人也。"计砚曰:"范蠡明而知内,文种远以见外。愿王请大夫种与深议,则霸王之术在矣。"

越王乃请大夫种而问曰:"吾昔日受夫子之言,自免于穷厄之地。今欲奉不羁之计,以雪吾之宿仇,何行而功乎?"大夫种曰:"臣闻高飞之鸟死于美食,深泉之鱼死于芳饵。今欲伐吴,必前求其所好,参其所愿,然后能得其实。"越王曰:"人之所好,虽其愿,何以定而制之死乎?"大夫种曰:"夫欲报怨复仇,破吴灭敌者有九术,君王察焉。"越王曰:"寡人被辱怀忧,内惭朝臣,外愧诸侯,中心迷惑,精神空虚,虽有九术,安能知之?"

大夫种曰:"夫九术者,汤文得之以王,桓穆得之以霸,其攻城取邑,易于脱屣③,愿大夫览之④。"种曰:"一曰尊天事鬼,以求其福。二曰重财币以遗其君,多货赂以喜其臣。三曰贵籴粟槁以虚其国⑤,利所欲以疲其民。四曰遗美女以惑其心,而乱其谋。五曰遗之巧工良材,

---

① 五色:泛指各种色彩。 ② 其:原本无,从卢文弨校补。
③ 屣(xǐ徙):鞋。 ④ 大夫:据文意当作"大王"。 ⑤ 槁:干草。

使之起宫室,以尽其财。六曰遗之谀臣,使之易伐①。七曰强其谏臣,使之自杀。八曰君王国富,而备利器。九曰利甲兵以承其弊。凡此九术,君王闭口无传,守之以神,取天下不难,而况于吴乎?"

越王曰:"善!"乃行第一术,立东郊以祭阳,名曰东皇公。立西郊以祭阴,名曰西王母。祭陵山于会稽②,祀水泽于江州③。事鬼神二年,国不被灾。

越王曰:"善哉!大夫之术。愿论其余。"种曰:"吴王好起宫室,用工不辍。王选名山神材,奉而献之。"越王乃使木工三千余人,入山伐木。一年,师无所幸④。作《士思归》⑤,皆有怨望之心,而歌《木客之吟》⑥。一夜,天生神木一双,大二十围,长五十寻⑦,阳为文梓⑧,阴为楩楠⑨。巧工施校,制以规绳,雕治圆转,刻削磨砻⑩,分以丹青,错画文章,婴以白璧⑪,镂以黄金。状类龙蛇,文彩生光。乃使大夫种献之于吴王,曰:"东海役臣,臣孤勾践使臣种,敢因下吏闻于左右:赖大王之力,窃为小

---

① 伐:自我夸耀。 ② 陵山:即大禹陵。在今浙江省绍兴市。 ③ 江州:江中陆地。"州"同"洲"。 ④ 师:指伐木队伍。所幸:指幸遇"名木神材"。 ⑤ 《士思归》:歌谣名。 ⑥ 《木客之吟》:歌名。 ⑦ 寻:古代长度单位,八尺为一寻。 ⑧ 梓:树木名。 ⑨ 楩(pián 骈)楠:树木名。 ⑩ 砻(lóng 龙):磨东西。 ⑪ 婴:加。

殿,有余材,谨再拜献之。"吴王大悦。子胥谏曰:"王勿受也,昔者桀起灵台①,纣起鹿台②,阴阳不和,寒暑不时,五谷不熟,天与其灾,民虚国变,遂取灭亡。大王受之,必为越王所戮。"吴王不听,遂受而起姑苏之台。三年聚材,五年乃成,高见二百里。行路之人,道死巷哭,不绝嗟嘻之声,民疲士苦,人不聊生。越王曰:"善哉! 第二术也。"

十一年,越王深念永思,惟欲伐吴,乃请计砚问曰:"吾欲伐吴,恐不能破,早欲兴师,惟问于子。"计砚对曰:"夫兴师举兵,必且内蓄五谷,实其金银,满其府库,励其甲兵。凡此四者,必察天地之气,原于阴阳,明于孤虚③,审于存亡,乃可量敌。"越王曰:"天地存亡,其要奈何?"计砚曰:"天地之气,物有死生。原阴阳者,物贵贱也。明孤虚者,知会际也。审存亡者,别真伪也。"越王曰:"何谓死生真伪乎?"计砚曰:"春种八谷④,夏长而养,秋成而聚,冬畜而藏。夫天时有生而不救种⑤,是一死也⑥。夏长无苗,二死也。秋成无聚,三死也。冬藏无

---

① 灵台:相传夏桀所筑台名。 ② 鹿台:相传商纣所筑台名,故址在河南汤阴朝歌镇南。 ③ 孤虚:古时占卜推算日时的方法。 ④ 八谷:指黍、稷、稻、粱、禾、麻、菽、麦等八类谷物。这里总指农作物。 ⑤ 天时有生:季节有生长的条件,指春季是万物萌生的时节。不救种:没有播种。 ⑥ 死:死机,绝路。以下四个死机,都是针对人为努力而言。

畜,四死也。虽有尧舜之德,无如之何。夫天时有生,劝者老①,作者少,反气应数,不失厥理②,一生也③。留意省察,谨除苗秽,秽除苗胜,二生也。前时设备,物至则收,国无逋税④,民无失穗,三生也。仓已封涂,除陈入新,君乐臣欢,男女及信,四生也。夫阴阳者,太阴所居之岁⑤,留息三年⑥,贵贱见矣。夫孤虚者,谓天门地户也。存亡者,君之道德也。"越王曰:"何子之年少于物之长也?"计砚曰:"有美之士,不拘长少。"越王曰:"善哉!子之道也。"乃仰观天文,集察纬宿⑦,历象四时⑧。以下者上,虚设八仓,从阴收著,望阳出粜,策其极计。三年五倍,越国炽富。勾践叹曰:"吾之霸矣。善!计砚之谋也。"

十二年,越王谓大夫种曰:"孤闻吴王淫而好色,惑乱沉湎,不领政事⑨。因此而谋,可乎?"种曰:"可破。夫吴王淫而好色,宰嚭佞以曳心⑩,往献美女,其必受之。

---

① 劝:鼓励。 ② 厥理:其中道理。 ③ 生:生机,活路。以下"四生"都指人为努力符合万物生死道路而言。 ④ 逋(bū):拖欠。 ⑤ 太阴:太岁的别称。古代天文学中假设的行星,与岁星(即木星)相反运行。 ⑥ 留:留下。息:生长滋息。 ⑦ 纬:即五纬,指金、木、水、火、土五星。宿(xiù秀):星宿,星座。 ⑧ 历象:推历观象,观测推算天体的运行。 ⑨ 领:治理。 ⑩ 曳(yè业):拉,牵引。

惟王选择美女二人而进之。"越王曰:"善。"乃使相者国中①,得苎萝山鬻薪之女②,曰西施、郑旦。饰以罗縠③,教以容步,习于土城④,临于都巷,三年学服而献于吴。乃使相国范蠡进曰:"越王勾践窃有二遗女,越国洿下困迫⑤,不敢稽留,谨使臣蠡献之大王,不以鄙陋寝容⑥,愿纳以供箕帚之用。"吴王大悦,曰:"越贡二女,乃勾践之尽忠于吴之证也。"

子胥谏曰:"不可,王勿受也。臣闻五色令人目盲⑦,五音令人耳聋⑧。昔桀易汤而灭,纣易文王而亡。大王受之,后必有殃。臣闻越王朝书不倦,晦诵竟夜⑨,且聚敢死之士数万,是人不死,必得其愿。越王服诚行仁,听谏进贤,是人不死,必成其名。越王夏被毛裘,冬御缔绤⑩,是人不死,必为对隙⑪。臣闻:贤士,国之宝。美女,国之咎。夏亡以妹喜⑫,殷亡以妲己⑬,周亡以褒姒⑭。"吴王不听,遂受其女。越王曰:"善哉!第三

---

① 乃使相者国中:《太平御览》引《吴越春秋》作"乃使相工索国中"。 ② 苎萝山:山名。在今浙江诸暨境内。鬻(yù育):卖。薪:木柴。 ③ 縠(hú胡):有绉纹的纱。 ④ 土城:越国地名。 ⑤ 洿(wū乌)下:比喻低下。 ⑥ 寝容:容貌丑恶。 ⑦ 五色:泛指各种色彩。 ⑧ 五音:泛指各种音乐。 ⑨ 晦:黑夜,晚上。 ⑩ 缔(chī吃):细葛布。绤(xì细):粗葛布。 ⑪ 隙:怨恨。 ⑫ 妹(mò末)喜:相传为夏桀的宠姬。 ⑬ 妲己:商纣王的宠姬。 ⑭ 褒姒(sì似):周幽王的宠姬。

术也。"

十三年，越王谓大夫种曰："孤蒙子之术，所图者吉，未尝有不合也。今欲复谋吴，奈何？"种曰："君王自陈越国微鄙①，年谷不登②，愿王请籴，以卜其意③。天若弃吴，必许王矣。"越乃使大夫种使吴，因宰嚭求见吴王，辞曰："越国洿下，水旱不调，年谷不登，人民饥乏，道荐饥馁④。愿从大王请籴，来岁即复太仓⑤。惟大王救其穷窘。"

吴王曰："越王信诚守道，不怀二心，今穷归诉，吾岂爱惜财宝，夺其所愿？"

子胥谏曰："不可！非吴有越，越必有吴。吉往则凶来，是养生寇而破国家者也。与之不为亲，不与未成冤。且越有圣臣范蠡勇以善谋，将有修饰，攻战以伺。吾间观越王之使使来请籴者⑥，非国贫民困而请籴也，以入吾国，伺吾王间也。"

吴王曰："寡人卑服越王，而有其众，怀其社稷，以愧勾践。勾践气服，为驾车却行马前⑦，诸侯莫不闻知。今吾使之归国，奉其宗庙，复其社稷，岂敢有反吾之心乎？"

---

① 鄙：边邑。　② 登：庄稼成熟。　③ 卜：原作"入"。据《史记·越王勾践世家》改。　④ 荐：频，一再。馁（něi）：饥饿。　⑤ 太仓：京城储粮的大仓。　⑥ 间：私下，背地里。　⑦ 却行：倒退着走。

子胥曰:"臣闻士穷非难抑心下人,其后有激人之色。臣闻越王饥饿,民之困穷,可因而破也。今不用天之道,顺地之理,而反输之食,固君之命,狐雉之相戏也①。夫狐卑体,而雉信之。故狐得其志,而雉必死。可不慎哉?"

吴王曰:"勾践国忧,而寡人给之以粟。恩往义来,其德昭昭②,亦何忧哉?"

子胥曰:"臣闻狼子有野心,仇敌之人不可亲。夫虎不可喂以食,蝮蛇不恣其意③。今大王捐国家之福,以饶无益之仇;弃忠臣之言,而顺敌人之欲。臣必见越之破吴,豸鹿游于姑胥之台④,荆榛蔓于宫阙⑤。愿王览武王伐纣之事也。"

太宰嚭从旁对曰:"武王非纣王臣也?率诸侯以伐其君,虽胜殷,谓义乎?"子胥曰:"武王即成其名矣。"太宰嚭曰:"亲戮主以为名,吾不忍也。"子胥曰:"盗国者封侯,盗金者诛。令使武王失其理,则周何为三家之表⑥?"太宰嚭曰:"子胥为人臣,徒欲干君之好,咈君之心⑦,以自称满,君何不知过乎?"子胥曰:"太宰嚭固欲以求其

---

① 雉:一种鸟,也叫野鸡。 ② 昭昭:光明。 ③ 蝮蛇:一种有毒的蛇。 ④ 豸(zhì 治):没有脚的昆虫。 ⑤ 宫阙:古代帝王的宫殿。 ⑥ 三家:指夏、商、周三个朝代。 ⑦ 咈(fú 弗):违背,抵触。

亲,前纵石室之囚,受其宝女之遗,外交敌国,内惑于君,大王察之,无为群小所侮。今大王譬若浴婴儿,虽啼,无听宰嚭之言。"吴王曰:"宰嚭是。子无乃闻寡人言①,非忠臣之道,类于佞谀之人。"

太宰嚭曰:"臣闻邻国有急,千里驰救。是乃王者封亡国之后②,五霸辅绝灭之末者也。"吴王乃与越粟万石,而令之曰:"寡人逆群臣之议而输于越,年丰而归寡人。"大夫种曰:"臣奉使返越,岁登诚还吴贷。"大夫种归越,越国群臣皆称万岁,即以粟赏赐群臣,及于万民。

二年,越王粟稔③,拣择精粟而蒸,还于吴,复还斗斛之数④,亦使大夫种归之吴王。王得越粟,长太息,谓太宰嚭曰:"越地肥沃,其种甚嘉,可留使吾民植之。"于是吴种越粟,粟种杀而无生者,吴民大饥。

越王曰:"彼以穷居,其可攻也。"大夫种曰:"未可。国始贫耳,忠臣尚在,天气未见,须俟其时。"越王又问相国范蠡曰:"孤有报复之谋。水战则乘舟,陆行则乘舆,舆舟之利,顿于兵弩。今子为寡人谋事,莫不谬者乎?"范蠡对曰:"臣闻古之圣君莫不习战用兵,然行阵队伍军

---

① 乃:如此,这样。 ② 封亡国之后:指周武王灭商后,封商纣王子武庚,以传续商祀事。 ③ 稔(rěn 忍):庄稼成熟。 ④ 斛(hú 胡):古代量器名,也是容量单位,十斗为一斛,南宋末年改五斗为一斛。

鼓之事,吉凶决在其工。今闻越有处女①,出于南林②,国人称善,愿王请之,立可见。"越王乃使使聘之,问以剑戟之术③。

处女将北见于王,道逢一翁,自称曰袁公,问于处女:"吾闻子善剑,愿一见之。"女曰:"妾不敢有所隐,惟公试之。"于是,袁公即杖箖箊竹④,竹枝上颉桥未堕地⑤,女即捷末⑥,袁公则飞上树,变为白猿。遂别去,见越王。

越王问曰:"夫剑之道则如之何?"女曰:"妾生深林之中,长于无人之野,无道不习,不达诸侯。窃好击之道,诵之不休。妾非受于人也,而忽自有之。"越王曰:"其道如何?"女曰:"其道甚微而易,其意甚幽而深。道有门户,亦有阴阳,开门闭户,阴衰阳兴。凡手战之道,内实精神,外示安仪,见之似好妇,夺之似惧虎。布形候气,与神俱往。杳之若日,偏若滕兔⑦。追形逐影,光若佛仿。呼吸往来,不及法禁⑧。纵横逆顺,直复不闻。斯

---

① 处女:少女。 ② 南林:越国地名,故址不详。 ③ 戟:古代一种兵器。 ④ 箖箊(lín yū 林迂):竹名。 ⑤ 颉桥:即桔槔,古代井上汲水工具,此处象其形。 ⑥《艺文类聚》卷九五引此事,"捷末"下有"袁公操其本而刺处女,处女应即入之,三入,因举杖击袁公",录供参考。 ⑦ 偏:通"翩"。滕:通"腾"。 ⑧ 法禁:法规禁则,指一定的方法规则。

道者,一人当百,百人当万。王欲试之,其验即见。"越王即加女号,号曰"越女"。乃命五校之队长高才习之①,以教军人。当此之时,皆称越女剑②。

　　于是范蠡复进善射者陈音。音,楚人也。越王请音而问曰:"孤闻子善射,道何所生?"音曰:"臣,楚之鄙人,尝步于射术,未能悉知其道。"越王曰:"然,愿子一二其辞。"音曰:"臣闻弩生于弓③,弓生于弹④,弹起古之孝子。"越王曰:"孝子弹者奈何?"音曰:"古者,人民朴质,饥食鸟兽,渴饮雾露,死则裹以白茅⑤,投于中野。孝子不忍见父母为禽兽所食,故作弹以守之,绝鸟兽之害。故歌曰'断竹,续竹,飞土,逐肉'之谓也⑥。于是神农皇帝弦木为弧⑦,剡木为矢⑧,弧矢之利,以威四方。黄帝之后,楚有弧父。弧父者,生于楚之荆山⑨,生不见父母。为儿之时,习用弓矢,所射无脱。以其道传于羿,羿传逢

---

　　①"乃命"二句:原作"乃命五校之堕长高习教军士",此从《太平御览》卷三四三校正。五校:骑、步、水、射等五个兵种的校队编制。高才:等于说高手,优秀战士。　②"当此"句二:原作"当世胜越女之剑",此从《太平御览》卷三四三校正。③弩:用机械发射的弓。　④弹:弹弓。　⑤白茅:草名。古代常用它裹祭祀的礼物。　⑥"断竹"句:描述狩猎活动的古歌谣。　⑦皇帝:即黄帝。弧(hú胡):木弓。　⑧剡(yǎn掩):刮,削。　⑨荆山:位于今湖北省南漳县西部。西周时楚在这一带建国。

蒙,逢蒙传于楚琴氏。琴氏以为弓矢不足以威天下。当是之时,诸侯相伐,兵刃交错,弓矢之威不能制服。琴氏乃横弓着臂,施机设枢,加之以力,然后诸侯可服。琴氏传之楚三侯,所谓句亶、鄂、章,人号麇侯、翼侯、魏侯也。自楚之三侯传至灵王,自称之楚累世,盖以桃弓棘矢而备邻国也。自灵王之后,射道分流,百家能人,用莫得其正。臣前人受之于楚,五世于臣矣。臣虽不明其道,惟王试之。"

越王曰:"弩之状何法焉?"陈音曰:"'郭'为方城①,守臣子也。'教'为人君,命所起也。'牙'为执法,守吏卒也。'牛'为中将,主内裹也。'关'为守御,检去止也。'锜'为侍从,听人主也。'臂'为道路,通所使也。'弓'为将军,主重负也。'弦'为军师,御战士也。'矢'为飞客,主教使也。'金'为穿敌②,往不止也。'卫'为副使,正道里也。'又'为受教,知可否也。'缥'为都尉,执左右也。'敌'为百死,不得骇也。鸟不及飞,兽不暇走,弩之所向,无不死也。臣之愚劣,道悉如此。"

越王曰:"愿闻正射之道。"音曰:"臣闻正射之道,道

---

① 郭:此及下文所说"教"、"牙"、"牛"、"关"、"锜"、"臂"、"弓"、"弦"、"矢"、"金"、"卫"、"又"、"缥"、"敌"等,分别都是构成弩的各个部件名称。 ② 穿:原作"实",据《太平御览》卷三四八改。

众而微。古之圣人,射弩未发而前名其所中。臣未能如古之圣人,请悉其要:夫射之道,身若戴板①,头若激卵②。左足纵③,右足横,左手若附枝,右手若抱儿。举弩望敌,翕心咽烟④。与气俱发,得其和平。神定思去,去止分离。右手发机,左手不知。一身异教,岂况雄雌。此正射持弩之道也。"

"愿闻望敌仪表⑤,投分飞矢之道⑥。"音曰:"夫射之道,从分望敌,合以参连⑦。弩有斗石⑧,矢有轻重,石取一两,其数乃平,远近高下,求之铢分⑨。道要在斯,无有遗言。"

越王曰:"善。尽子之道,愿子悉以教吾国人。"音曰:"道出于天,事在于人。人之所习,无有不神。"于是,乃使陈音教士习射于北郊之外。三月,军士皆能用弓弩之巧。陈音死,越王伤之,葬于国西,号其葬所曰"陈

---

① 戴板:头顶着木板。 ② 激卵:激涨的蛋卵。 ③ 左足纵:原作"左蹉",据《太平御览》卷三四八改。 ④ 翕(xī)心:屏住心跳。翕,收缩,敛息。咽烟:屏住呼吸。 ⑤ 仪表:法式。 ⑥ 投分(fēn 楚):合投和分射。 ⑦ 参:同"三"。参连,古代举行射礼时五种射法之一。《周礼·地官·保氏》疏曰:"参连者,前放一矢,后三矢连续而去也。" ⑧ 石(dàn 蛋):古代重量单位,一百二十斤为一石。 ⑨ 铢、分:都是古代很小的衡制单位。

音山"。

【翻译】

越王勾践十年二月,越王深谋远虑,虽然在吴国遭受欺凌侮辱,但承蒙上天福祐,得以回到越国。群臣都向他施教,每人谋划一项策略,言辞投合,想法相同,勾践恭敬地加以采纳,越国因而富裕。但勾践返回越国五年,还没有听说敢于效死的士人。有人以为大夫们都爱惜自己的身躯。于是登上水中高台,观看他的大臣们是否心存忧患。他看到相国范蠡、大夫文种、句如等人俨然列坐,虽心怀忧患,但不形于色。越王当即鸣钟,紧急传令,召来众位大臣,与他们一起盟誓,然后说:"我遭受耻辱,上愧对周王,下惭见晋楚等国诸侯。幸蒙大夫们的妙策,才得以回国整饬政治,富民养士。但是五年没听说有敢于效死的士人、洗刷耻辱的大臣。怎样才能有成效呢?"群臣默不作声,没有人回答。越王仰天长叹说:"我听说君主有忧虑,其臣下会感到耻辱;君主蒙受耻辱,其臣下会为之效死。现在我亲身遭到做奴仆的厄运,受到战败被囚禁的耻辱,不能自我辅助,必须得到贤士,任用仁人,然后讨伐吴国。我把重担托给了大臣大夫们,为何容易召见,却难于使用呢?"

这时,计砚年轻官小,排在后座,就举着手快步走出，踩着坐席来到越王跟前，说："错了啊，大王说的话！不是大夫们容易召见，却难以使用，是大王您不能使用。"越王说："这话什么意思？"计硯说："官位、财物、赏金，这是您所轻视的东西。挺着剑锋，冒着刀刃，舍命赴死，是士人重视的行为。现在大王把君主轻视的东西看得容易，却指责士人重视的东西，这是多么危险啊！"听到这儿，越王沉默不语，不大高兴，脸上露出愧疚之色，就让群臣退下，把计硯叫到跟前问道："我怎样才能赢得士人的心？"计硯回答说："君主统治人民，尊重人民中的仁人义士，这是治国的法门。士人百姓是国君的根基。开启治国法门，巩固国君根基，都比不上国君端正自己。端正自己的途径，就是谨慎选择左右的大臣。左右大臣，是国君治运盛衰的关键。希望大王明选左右大臣，只求得到贤人而已。从前太公望以歌唱为乐，是磻溪的饿汉。但周文王任用他而成王。管仲是鲁国的逃犯，有贪财的坏名声，但齐桓公得到他而称霸。所以有记载说：失去士人就会灭亡，得到士人就会昌盛。希望大王审慎选择左右大臣，何怕群臣不听使用？"越王说："我使用贤良，任命才士，各有他们特殊的职事。我虚心以待，期望很高，希望听到他们为越国复仇出谋划策。可现在他们都不出声，不露头，听不到他们的议论，其中过错在哪儿呢？"计硯说："选择贤才，核实士人，各有相应的原则。把困难交给外交远方的使臣,验证他是否忠诚。把隐秘告诉内政执事的大臣,了解他是否守信。和他们谈论事情,从中观察他的智力。给他们酒喝,看他是否迷乱。指定事情让他们做,考察他的才干。让他们看美色,辨别他的情态。各种色彩都展示之后,士人都显露真实,人们都竭尽智慧。了解了他们的智慧,掌握他们的实际,那么君臣还有什么可担忧的呢?"越王说:"我用这原则谋求士人贡献实效,人们尽其智慧,可是士人还没有完全进言来使我受益。"计砚说:"范蠡明察而了解内情,文种远虑可以见外事。希望大王请来大夫文种,与他深入讨论,那么称王称霸的策略就有了。"

越王于是请来大夫文种,问他说:"我过去听了您的话,才得以逃脱穷迫、困厄的境地。现在我想奉行一条不受限制的计策,洗刷我往日的怨仇,怎样做才能成功呢?"大夫文种说:"我听说高飞的鸟往往死于美味的食物,深泉之下的鱼往往死于芳香的钓饵。现在要想讨伐吴王,一定要先找出他的爱好,参照他的愿望,然后才能达到目的。"越王说:"人的爱好,即便是他的愿望,根据什么来确定,并且制之于死地呢?"文种说:"要想报仇雪恨,攻破吴国,消灭敌人,可有九条计谋,希望大王明察。"越王说:"我遭受侮辱,心怀忧愁,内惭于朝中大臣,外愧对各国诸侯,心中迷惑,精神空虚,虽然有九条计谋,又怎么能知道呢?"

文种说:"这九条计谋,商汤、周文王得到它而成王,齐桓公、秦穆公得到它而成霸。采用这九种计谋,攻占城市犹如脱鞋般容易。希望大王能留意它们。"文种接着说:"一是尊奉天帝,敬事鬼神,以求得福祐。二是赠送敌方国君贵重财物,用大量的贿赂博取敌方大臣的欢心。三是用高价买进粮食、草料,使敌国储备空虚,利用他们的欲望来使他们的人民疲乏。四是赠送美女迷惑敌方的心,淆乱他们的计谋。五是赠送巧匠良材,让敌方建造宫殿,以耗尽他们的财用。六是推荐擅长阿谀奉承的臣下,使敌方容易骄傲自夸。七是使敌方的忠谏之臣倔强,使他们自杀。八是使国君成王,使国家富裕,进而装备精锐的武器。九是训练好军队,用来等待敌方腐败。总共这九种计策,只要君王闭口不传播出去,以敬神的信念坚守下去,获取天下并不困难,更何况对吴国呢?"

越王说:"好!"于是先将第一条计谋付诸实施。在都城东郊立祠祭太阳,名叫东皇公。在西郊立祠祭太阴,名叫西王母。在会稽山祭祀大禹陵,在江中岛上祭祀水神。奉祀鬼神两年,越国没有遭受灾害。

越王说:"大夫的计谋太好了!希望您讲一下其它几条。"文种说:"吴王喜欢建造宫殿,不停地征用民工。

大王可选名山之中的珍奇木材,奉献给吴王。"越王于是派三千多个木工,入山伐木。一年过去了,伐木队伍没有采获珍奇木材的幸运。木工们创作《士思归》歌谣,都有怨望之心,因而唱出了《木客之吟》。一天晚上,上天长出两棵神木,有二十围粗,五十寻高,阳面是有斑文的梓木,阴面是楩木、楠木。能工巧匠测量校准这两棵神木,用规矩绳墨加以制作。进行雕饰,使它滚圆,经过刻削打磨,涂上不同的颜色,绘饰错综的花纹,镶嵌白玉,镂饰黄金。雕绘的形状好似龙蛇,图纹彩绘,闪闪发光。越王派文种将神木献给吴王,对吴王说:"东海服役的贱臣勾践派遣使臣文种,大胆通过您的下级官吏向您的左右通报:仰仗大王的力量,我私下建造了一座小宫殿,剩下些木料,谨再拜献上。"吴王非常高兴。伍子胥进谏说:"大王不要接受。从前夏桀建灵台,商纣建鹿台,都导致阴阳不和谐,寒暑不按季节,谷物不成熟,上天降灾,百姓空虚,国家变故,终于自取灭亡。大王接受它,一定会被越王杀害。"吴王不听,接受了木材,兴建姑苏台。准备材料用了三年,五年才建成,台高可以在二百里外望见。过路人们可以看见道边的死尸,听到里巷的哭声,不绝的嗟叹嗤笑声。百姓疲困,士人悲苦,民不聊生。越王说:"好啊!这第二条计谋。"

勾践十一年,越王深念久思,想要讨伐吴国,就请来计砚问道："我想讨伐吴国,担心不能攻破,早就想发兵,只有请教你。"计砚回答说："发动军队拿起武器,一定要在国内储备粮食,备足金银,装满国库,激励军队。总共这四点,一定要观察天地气数,从阴阳变化中找到原因,从推算时日中明了吉凶,对前途存亡采取审慎态度,这样才可以估量敌人。"越王问："天地存亡这些问题的要领是什么?"计砚回答说："天地之气,使万物有生有死。从阴阳找原因,是确定万物的贵贱。从推算时日明吉凶,是了解万物遭遇之际的时机。对存亡采取审慎的态度,是为了区别万物的真相假象。"越王问："死生、真伪等是什么意思?"计砚说："春季播种农作物,夏季生长而护养,秋季成熟而收获,冬季储存而收。季节有生长条件,但是没有播种,这是一个死机。夏季是生长的季节,可是没有禾苗,这是第二个死机。秋季是成熟的季节,可是没有收获,这是第三个死机。冬季是收藏的季节,可是没有储存,这是第四个死机。遇到以上'四死',即使有唐尧虞舜一样的道德,也无可奈何。季节有万物生长的条件,如果鼓励农事的是长者,从事耕作的是青年,回归元气,顺应气数,不违背其中道理,这是一个生机。留意思考观察,细心清除禾苗中的杂草,杂草清除了,禾苗就会旺盛,这是第二个生机。农时之前做好准备,作物一成熟就收获,全国就没有人拖欠赋税,百姓也没有丢弃粮食,这是第三个生机。粮食已经封严涂好,清除陈粮,装入新粮,国君高兴,大臣欢乐,男女百姓也会信从,这是第四个生机。所谓'阴阳',就是太岁运行所在的一年,如果留有三年生长消息,就可看出万物的贵贱了。所谓'孤虚',是说天地的门户。所谓'存亡',就是国君的道德。"越王说:"为什么你年纪这样轻,而对万物却懂得那么多呢?"计砚说:"有才德的士人,不拘于年龄的大小。"越王说:"你讲的道理,好啊!"于是仰观天文,专心观察五行纬星,根据天象推算历法,确定四时。认为人事与天象是对应的,修建了八个空的粮仓,根据太阴收入封藏,观望岁阳粜出粮食,策划了极端的打算。三年期间,粮食收成增加了五倍,越国旺盛富裕。勾践说:"我要成为霸主了。计砚的计谋,好啊!"

　　勾践十二年,越王对大夫文种说:"我听说吴王贪淫好色,迷惑昏乱,沉湎其中,不理政事。我们就这方面想点计谋,可以吗?"文种说:"可以攻破。吴王贪淫好色,太宰嚭花言巧语拖住了他的心,我们进献美女,他一定会接受。想请大王选择两位美女进献给他。"越王说:"好。"于是派专门看相的人在国内挑选,选得苎萝山两位卖柴的女子,名叫西施、郑旦。给她们穿上罗纱做的衣服,教她们容貌举止。她们在土城练习,到都城街巷演示。三年之后,二人学习完成,就被献给吴王。越王派相国范蠡去进献,对吴王说:"越王勾践私下得到了上天遗留的两个美女,越国地势低下,处境困迫,不敢自己留下,谨派臣范蠡献给大王。愿大王不嫌她们举止鄙陋、容貌难看,希望收下她们,供洒扫使用。"吴王非常高兴,说:"越国进贡两位美女,这是勾践尽忠于吴的明证。"

伍子胥进谏说:"不可以,大王不要接受。我听说五颜六色会使人眼瞎,动听音乐会使人耳聋。从前夏桀轻视商汤而自取灭亡,商纣轻视周文王而自取灭亡。大王接受了这两个美女,以后必有灾殃。我听说越王清晨就不知疲倦的书写,晚上往往整夜地诵读,而且集中了数万敢死之士,这人只要不死,就一定能实现自己的愿望。越王履行诚信,奉行仁义,听从劝谏,任用贤人,这种人只要不死,就一定会成名。越王夏天披毛皮衣服,冬天穿葛布衣服,这种人只要不死,就一定会成为仇敌。我听说:贤士是国家的宝贝,美女是国家的祸患。夏朝因为妹喜而灭亡,商朝因为妲己而灭亡,周朝因为褒姒而灭亡。"吴王不听,就接受了越国进献的美女。越王说:"这第三条计谋,好啊!"

勾践十三年,越王对大夫文种说:"我承蒙你的计谋,所图谋的事都吉利,未有不符合原来设想的。我现在想再次对吴国用计,怎么办?"文种说:"大王可亲自向吴王陈述,说越国是一个偏远的小国,今年谷物歉收,请求吴王允许越国籴进吴国粮食,试探一下他的意思。上天要是抛弃吴国,吴王一定答应您。"越王于是派文种出使吴国,通过太宰嚭求见吴王,告诉吴王说:"越国地势低下,旱涝不均,谷物歉收,百姓忍饥受困,路上不断涌现饥饿的人群。我们请求从大王这里籴粮,来年就归还贵国粮仓。希望大王救济越国的穷困窘迫。"

吴王说:"越王忠诚守信,奉行道义,对我不怀二心,现在遇到穷困来向我诉说,我岂能爱惜财物,不答应他的请求呢?"

伍子胥进谏说:"不可以!不是吴国占有越国,就是越国占有吴国。吉利过去凶祸就来。大王如果答应借粮给越国,那等于是养活强盗来破坏国家。借粮给越国不会成为近亲,不借给粮未必就成冤家。而且越国有圣明大臣范蠡,既勇敢又善于谋划,将会有所掩饰,窥测时机进攻作战。我私下观察越王派来借粮的使者,不像是因为国家贫穷、百姓困难而来借粮,而是为了到我们国家,窥伺我们大王的空子。"

吴王说:"我使越王穿着卑贱服装,而且占有他的民众,拥有越国的社稷,以此羞愧越王勾践。勾践服气,为我倒退马前驾车,这事诸侯没有不知道的。现在我让他回到了越国,奉祀他的宗庙,恢复他的社稷,他岂敢有反对我的心思?"

伍子胥说:"我听说士人抑制内心不平,让自己居于人下,是并不难于做到的,在这样做的背后有着激愤他人的神色。我听说越王遇到了饥荒,百姓趋于穷困,我们可以乘机击败越国。现在如果不利用天道,顺应地理,反而给他们输送粮食,这固然是大王的意志,但是狐狸野鸡之间相互戏弄。狐狸装出卑贱的体态,野鸡轻信了它。所以狐狸能实现它的志向,而野鸡一定死掉。大王能不谨慎吗?"

吴王说:"勾践国家忧患,而我借给他粮食。我施行恩惠,他回报信义,这样光明的德行,有什么可忧虑的呢?"

伍子胥说:"我听说狼子天生有野心,仇敌不可亲近。老虎不能喂给食物,蝮蛇不能让它姿意妄为。现在大王抛弃国家的福气,用来让无益的仇敌变得富饶;抛弃忠臣的建议,而顺从敌人的欲望。我一定会看到越国攻破吴国,豸、鹿游荡在姑苏台,荆棘、灌木长满宫殿。希望大王回顾周武王讨伐商纣王的往事。"

太宰嚭从旁边插话说:"周武王不是商纣王的臣下吗?他率领诸侯讨伐自己的国君,虽然战胜了殷商,但能说是正义的吗?"伍子胥说:"周武王就此建树了自己的名声。"太宰嚭说:"亲手杀死君主而成名,我不忍心。"

伍子胥说："盗得国家的人被封为侯,盗了金钱的人被杀死。假使周武王背弃常理,那周怎么会成为三代的表率呢?"太宰嚭说："伍子胥是一个臣下,却只想着干涉国君的喜好,违背国君的心意,以此使自己称心满意,大王怎么不知他错呢?"伍子胥说："太宰嚭本来就想以此求得大王的亲近,先前释放了石室的囚犯,接受了越王的珠宝、美女的馈赠,对外勾结敌国,对内迷惑国君,希望大王明察,不要被这类小人欺侮。现在大王好比是在给婴儿洗澡,虽然他在哭,但不要听太宰嚭的谗言。"吴王说:"太宰嚭是对的。你没有像他那样听我的话,不是忠臣的道德,倒像个奸佞谗谀的人。"

太宰嚭说："我听说,邻国有急难,不远千里赶去救助。这才是王者封亡国的后代、五霸辅助绝灭之国末代的行为。"吴王于是给越国一万石粮食,并命令越国使者说:"我违背群臣的谏议而送粮给越国,等年成好了,就还给我。"文种说:"我奉命返回越国,等年成一好,必定归还吴国借贷的粮食。"大夫文种回到越国,越国群臣都高呼万岁,越王当即把粮食赏赐给群臣,遍及到万民百姓。

第二年,越国的庄稼成熟了,挑选精良粟种,用锅蒸熟,还给吴国,还按吴国借贷的斗斛数量全部还清,也是派大夫文种去向吴王归还。吴王得到越国还回的粮食,长长地叹了口气,对太宰嚭说:"越国土地肥沃,粟种很好,可以留着让我国百姓种植。"于是吴国种了越国的粟种,结果粟种都没有成活,吴国百姓遇到严重饥荒。

越王说:"吴国已陷入穷困境地,可以进攻了。"文种说:"还不行。吴国刚开始贫困罢了,忠臣还在,天的气数还没有显示,还须等待时机。"越王又问相国范蠡说:"我有报仇的打算。水战乘船,陆地行军乘车。车船便利,但在武器箭弩训练方面还不顺利。如今你为我出谋划策,莫非错了吗?"范蠡回答说:"我听说古代圣明的君主没有不通晓用兵作战的,然而行军、布阵、击鼓进退之类事情,最后的吉凶成败取决于技术是否高超。现在听说越国有个少女,出在南林,国人都称赞她剑术高超,希望大王请她来,马上就可看出水平。"越王于是派使者聘请她,向她请教使用剑、戟的技术。

少女将要北去面见越王,路上碰到一个老头,自称名叫"袁公"。他问少女:"听说你剑术高超,希望能让我见识一下。"少女说:"我不敢有所隐瞒,请您试验。"于是,袁公就拿过一根猿猱竹当击杖,竹枝上端尚未触地,少女即敏捷地取其末端,袁公就飞身上树,化成白猿。少女告别离去,面见越王。

越王问少女说:"击剑的技术是怎样的?"少女说:"我生活在深林中,在没有人烟的荒野长大,没有什么道术,也不学习,不通达诸侯。私下喜好技击之道,就唸叨个不停。我不是别人教给的,而是自己忽然就会了。"越王问:"这样的道是怎样的?"少女说:"这样的道很微小而且容易,但其中的含意却很隐秘而且深奥。道有道门,也有阴阳。打开这道门,关闭那扇门;阴气衰了,阳气兴旺。凡是手持兵刃格斗的道理,内心精神充沛,外表显示仪态安稳,看起来好像美好的妇人,抢夺时她就好像老虎般可怕。展开身势,等候运气,全神贯注。遥远得如天上的太阳,翩翩若飞腾的野兔。追逐对手就像影子跟着身体,剑光仿佛照影似的紧随不舍。运气呼吸,击刺来往,不牵涉法规禁则。直进横出,倒刺顺击,只管进攻。此剑术之道,一人当百,百人当万。大王要试一下,它的效验立刻可以见到。"越王当即给少女加了称号,称她为"越女"。越王命令各军种校队的长官和高手向越女学习剑术,然后教给士兵。在这个时候,都称这剑术为越女剑。

范蠡又向越王推荐了擅长射箭的陈音。陈音是楚国人。越王请来陈音问道:"我听说你擅长射箭,你的射术是怎样来的?"陈音说:"我是楚国一个粗野的人,曾经学过射术,还不能完全懂得其中道理。"越王说:"这样,希望你略谈一二。"陈音说:"我听说弩是从弓演变来的,弓是从弹弓演变来的,弹弓起于古代一位孝子。"越王问:"孝子弹弓是怎么来的?"陈音说:"古代人民质朴,饿了吃鸟兽,渴了饮雾水露水,死后就用白茅草裹一下,扔到野外。有位孝子不忍心看到父母被禽兽吃掉,就做了一付弹弓守在旁边,杜绝了鸟兽的侵害。这就是歌谣中所唱的:'割断竹子,系上竹绳,弹飞土丸,追逐兽肉。'于是,神农黄帝又把弦加在木头上,做成木弓,用木头削成箭。由于弓箭比其它武器锐利,黄帝得以威震四方。黄帝之后,楚国有个弧父。弧父出生在楚国荆山,生下后就没见到父母。弧父少儿时,习惯用弓箭射猎,猎物没有能逃脱他的箭的。弧父把自己射箭的本领传给了后羿,后羿传给逢蒙,逢蒙传给楚国的琴氏。琴氏认为弓箭不足以威服天下。在这个时代,诸侯相互征伐,兵刃交加,单凭弓箭的威力,不能将对方制服。琴氏于是把弓横放胳臂上,加上机关,安上枢机,再加上人的力量,然后诸侯就可以制服。琴氏把弩传给了楚国的三个王侯,即句亶、鄂、章,就是人称糜侯、翼侯、魏侯的。从楚国三侯传到楚灵王,从此楚国代代称道这种弓箭,大概是用桃木作弓、棘刺作箭头,来防备邻国进攻。自从楚灵王以后,射术分成流派,各家都有能手,因此也就没有人得到真传。我的先人是在楚国学的射术,传到我已是第五代了。我虽然不明白其中的道理,但是请大王试验。"

越王问:"弩的形状是仿效什么?"陈音说:"'郭'好比是一座方城,守护臣民。'教'是国君,命令从它发出。'牙'是执法官,监督官兵。'牛'是中军主将,负责内部约束。'关'是守卫,检查去留。'锜'是侍从,听命于君主。'臂'是道路,通向派遣的地方。'弓'是将军,负责重担。'弦'是军师,驾御战士。'矢'是飞行客,负责'教'的使命。'金'是射穿敌人,一旦发出,就不会中止。'卫'是副指挥,负责校正路程。'又'是接受'教'的指令,知道是可以还是不可以。'缥'是都尉,掌握左右军。'敌'是生命极其危险,不能惊骇。鸟来不及飞走,野兽没有空逃跑,弩射向猎物,没有不死的。我愚笨拙劣,射箭的道理总共就是这些。"

越王说:"我希望听你讲一下正确的射箭方法。"陈音说:"我听说正确的射箭方法,方法众多而细。古代圣人,箭还未射,就先说出将要射中的东西。我不能像古代圣人那样,请允许我把要领说一下:射箭的方法,身体要像头顶着木板,头要像激涨的蛋卵。左脚直蹲,右脚横跪。左手要像附在树枝上,右手要像抱着个婴儿。举起弩,眼望敌人,收心屏气。箭和气同时发出,取得和谐平衡。精神集中,去掉杂虑,去留分别隔离。右手扣动扳机,左手要感觉不到。同一身体要接受不同指令,岂是只要区别雄性雌性。这就是正确的射箭、持弩方法。

越王说:"我希望知道瞭望敌人的法式、合投分射飞箭的方法。"陈音说:"射箭的方法,分开射箭要根据瞭望敌人的情况,集合射箭就用三箭连射。弩的容量有大有小,箭的分量有轻有重。一石大的弩取一两重的箭,它们大小轻重的数量就平衡。射箭的远近高下,要从计算一铢一分的差数中求得。射术的要领就在这里,再没有什么可说的了。"

越王说:"好,拿出你全部本事,希望你都教给我的国民。"陈音说:"道是上天创造的,事情在于人的作为。人只要学习,没有不神奇的。"于是,越王就让陈音在北郊外教士兵学习射术。三个月后,士兵都掌握了使用弓、弩的技巧。陈音死后,越王很悲伤,把他埋在越国西部,称埋他的地方为"陈音山"。

勾践伐吴外传

越国经过长时间的艰苦奋斗,国富民强,具备了战胜吴国的军事实力。勾践在此基础上,又采取一系列措施笼络人心,让百姓效命。一切准备就绪后,勾践就发动了讨伐吴国的战争。越国军队军法严明,士气高涨,大败吴国军队。吴王夫差走投无路,求和不成,被迫自杀,吴国灭亡。

越国消灭吴国,大臣范蠡、文种立了大功,勾践生性多疑,担心范蠡、文种功高盖主。范蠡知道勾践可共患难,不可共享乐,遂自动告退。文种没有听范蠡的忠告,最后被勾践赐死。吴国灭亡后,勾践取代了夫差的霸主地位,四处征讨,逞威一时。

　　这里选取了勾践伐吴至去世的全部记述,但删略了叙述勾践子嗣及越世系的结尾。

　　勾践十五年,谋伐吴,谓大夫种曰:"孤用夫子之策,免于天虐之诛,还归于国。吾诚已说于国人①,国人喜悦。而子昔日云:有天气即来陈之②。今岂有应乎?"种曰:"吴之所以强者,为有子胥。今伍子胥忠谏而死,是天气前见亡国之证也。愿君悉心尽意以说国人。"

　　越王曰:"听孤说国人之辞:寡人不知其力之不足,以大国报仇,以暴露百姓之骨于中原③,此则寡人之罪也。寡人诚更其术。于是乃葬死问伤,吊有忧,贺有喜,送往迎来,除民所害。然后卑事夫差,往宦士三百人于吴。吴封孤数百里之地,因约吴国父兄昆弟而誓之曰④:寡人闻古之贤君,四方之民归之若水。寡人不能为政,将率二三子夫妇以为藩辅⑤。令壮者无娶老妻,老者无娶壮妇。女子十七未嫁,其父母有罪。丈夫二十不娶,其父母有罪。将免者以告于孤⑥,令医守之。生男二,贶

---

① 说(shuì 税):劝说,说服。　② 天气:指上天的预兆。　③ 中原:指原野。　④ 昆弟:兄弟。　⑤ 二三子:国君对大夫的称呼。　⑥ 免:通"娩",分娩。

之以壶酒、一犬①。生女二,赐以壶酒、一豚②。生子三人,孤与乳母。生子二人,孤与一养。长子死,三年释吾政③,季子死,三月释吾政。必哭泣葬埋之如吾子也。令孤子寡妇、疾疹贫病者④,纳官其子。欲仕,量其居,好其衣,饱其食,而简锐之⑤。凡四方之士来者,必朝而礼之,载饭与羹以游国中。国中僮子戏而遇孤,孤铺而啜之⑥,施以爱,问其名。非孤饭不食,非夫人事不衣。七年不收,国民家有三年之畜。男即歌乐,女即会笑。今国之父兄日请于孤曰:'昔夫差辱吾君王于诸侯,长为天下所耻,今越国富饶,君王节俭,请可报耻。'孤辞之曰:'昔者我辱也,非二三子之罪也。如寡人者,何敢劳吾国之人,以塞吾之宿仇⑦?'父兄又复请曰:'诚四封之内⑧,尽吾君子。子报父仇,臣复君隙,岂敢有不尽力者乎?臣请复战,以除君王之宿仇。'孤悦而许之。"

大夫种曰:"臣观吴王得志于齐、晋,谓当遂涉吾地,以兵临境。今疲师休卒,一年而不试,以忘于我。我不可以怠,臣当卜之于天。吴民既疲于军,困于战斗,市无

---

① 贶(kuàng 况):赐与。 ② 豚(tún 屯):小猪,猪。
③ 释吾政:免去我派的公务,即免差役赋税。 ④ 孤子:孤儿。
⑤ 简:选拔,挑选。锐:精锐。 ⑥ 铺(bū):喂别人吃。通"哺"。啜:喝。 ⑦ 宿仇:旧仇。 ⑧ 四封:四境。

赤米之积①,国廪空虚②,其民必有移徙之心,寒就蒲蠃于东海之滨③。夫占兆人事④,又见于卜筮。王若起师,以可会之利,犯吴之边鄙,未可往也。吴王虽无伐我之心,亦难动之以怒,不如诠其间⑤,以知其意。"

越王曰:"孤不欲有征伐之心,国人请战者三年矣,吾不得不从民人之欲。今闻大夫种谏难。"越父兄又谏曰:"吴可伐,胜则灭其国,不胜则困其兵。吴国有成,王与之盟,功名闻于诸侯。"王曰:"善。"于是,乃大会群臣而令之曰:"有敢谏伐吴者,罪不赦。"蠡、种相谓曰:"吾谏已不合矣,然犹听君王之令。"

越王会军列士而大诫众,而誓之曰:"寡人闻古之贤君,不患其众不足,而患其志行之少耻也。今夫差衣水犀甲者十有三万人⑥,不患其志行之少耻也,而患其众之不足。今寡人将助天威。吾不欲匹夫之小勇也,吾欲士卒进则思赏,退则避刑。"于是越民父勉其子,兄劝其弟⑦,曰:"吴可伐也。"

越王复召范蠡谓曰:"吴已杀子胥,道谀者众。吾国之民又劝孤伐吴,其可伐乎?"范蠡曰:"未可。须明年之

---

① 赤米:粗糙的米。 ② 廪(lǐn 凛):仓库。 ③ 蒲蠃:蛤蚌之类东西。蠃,当作"蠃"。 ④ 占兆:占卜时用火灼烧龟甲,龟甲上的裂纹叫占兆。人事:人力所能及的事情。 ⑤ 诠:说明解释。 ⑥ 水犀甲:用水犀牛皮做的甲。 ⑦ 劝:勉励。

春,然后可耳。"王曰:"何也?"范蠡曰:"臣观吴王北会诸侯于黄池,精兵从王,国中空虚,老弱在后,太子留守。兵始出境未远,闻越掩其空虚,兵还不难也。不如来春。"

其夏六月丙子,勾践复问,范蠡曰:"可伐矣。"乃发习流二千人①,俊士四万②,君子六千③,诸御千人④,以乙酉与吴战。丙戌遂虏杀太子。丁亥入吴,焚姑胥台。吴告急于夫差,夫差方会诸侯于黄池,恐天下闻之,即密不令泄。已盟黄池,乃使人请成于越。勾践自度未能灭,乃与吴平。

二十一年,七月,越王复悉国中士卒伐吴。会楚使申包胥聘于越⑤,越王乃问包胥曰:"吴可伐耶?"申包胥曰:"臣鄙于策谋,未足以卜。"越王曰:"吴为不道,残我社稷,夷吾宗庙,以为平原,使不得血食⑥。吾欲与之徼天之中⑦,惟是舆马、兵革、卒伍既具,无以行之。诚闻于战,何以为可?"申包胥曰:"臣愚不能知。"越王固问,包胥乃曰:"夫吴,良国也,传贤于诸侯。敢问君王之所战者何?"越王曰:"在孤之侧者,饮酒食肉,未尝不分。孤

---

① 习流:指熟悉水战的士兵。 ② 俊士:指训练有素的士兵。 ③ 君子:指国君的近卫亲兵,意谓君养育之如子。 ④ 诸御:各级部队长及佐属人员。御,驾驭统率。 ⑤ 聘:访问。 ⑥ 血食:古代杀牲取血,用来祭祀,故称血食。 ⑦ 徼:招致,要求。通"邀"。中:通"衷",福祐。

之饮食不致其味，听乐不尽其声，求以报吴。愿以此战。"包胥曰："善则善矣，未可以战。"越王曰："越国之中，吾博爱以子之，忠惠以养之。吾今修宽刑，欲民所欲，去民所恶。称其善，掩其恶，求以报吴。愿以此战。"包胥曰："善则善矣，未可以战。"王曰："越国之中，富者吾安之，贫者吾予之，救其不足，损其有余，使贫富不失其利，求以报吴。愿以此战。"包胥曰："善则善矣，未可以战。"王曰："邦国南则距楚①，西则薄晋②，北则望齐，春秋奉币、玉帛、子女以贡献焉，未尝敢绝，求以报吴。愿以此战。"包胥曰："善哉！无以加斯矣，犹未可战。夫战之道，知为之始③，以仁次之，以勇断之。君将不知，既无权变之谋，以别众寡之数。不仁，则不得与三军同饥寒之节，齐苦乐之喜。不勇，则不能断去就之疑，决可否之议。"于是，越王曰："敬从命矣。"

冬十月，越王乃请八大夫曰："昔吴为不道，残我宗庙，夷我社稷，以为平原，使不血食。吾欲徽天之中，兵革既具，无所以行之。吾问于申包胥，即已命孤矣。敢告诸大夫，如何？"

大夫曳庸曰："审赏则可战也④。审其赏，明其信，无

---

① 距：距离。　② 薄：靠近。　③ 知：同"智"。　④ 审：有核实、切实之意。

功不及，有功必加，则士卒不怠。"王曰："圣哉！"

大夫苦成曰："审罚则可战。审罚则士卒望而畏之，不敢违命。"王曰："勇哉！"

大夫文种曰："审物则可战。审物则别是非，是非明察，人莫能惑。"王曰："辨哉！"

大夫范蠡曰："审备则可战。审备慎守，以待不虞。备设守固，必可应难。"王曰："慎哉！"

大夫皋如曰："审声则可战①。审于声音，以别清浊。清浊者，谓吾国君名，闻于周室，令诸侯不怨于外。"王曰："得哉！"

大夫扶同曰："广恩知分则可战。广恩以博施，知分而不外。"王曰："神哉！"

大夫计砚曰："候天察地，参应其变②，则可战。天变地应，人道便利，三者前见，则可。"王曰："明哉！"

于是，勾践乃退斋而命国人曰③："吾将有不虞之议④，自近及远，无不闻者。"乃复命有司与国人曰："承命有赏，皆造国门之期⑤。有不从命者，吾将有显戮。"勾践恐民不信，使以征不义闻于周室，令诸侯不怨于外。令

---

① 审：仔细辨别。　② 参：同"三"，指人类。古代哲学以为天、地、人三方面构成世界变化，称三材。　③ 斋：斋戒，独居反省。　④ 不虞：没有意料到的事。　⑤ 造：到，去。

国中曰:"五日之内,则吾良人矣。过五日之外,则非吾之民也,又将加之以诛。"

教令既行,乃入命于夫人。王背屏①,夫人向屏而立。王曰:"自今日之后,内政无出,外政无入。各守其职,以尽其信。内中辱者,则是子。境外千里辱者,则是我也②。吾见子于是,以为明诚矣。"王出宫,夫人送王不过屏。王因反阖其门③,填之以土。夫人去笄④,侧席而坐⑤,安心无容。三月不扫。

王出则复背垣而立⑥,大夫向垣而敬,王乃令大夫曰:"食士不均⑦,地壤不修,使孤有辱于国,是子之罪。临敌不战,军士不死,有辱于诸侯,功隳于天下⑧,是孤之责。自今以往,内政无出,外政无入。吾固诫子。"大夫敬受命矣,王乃出,大夫送出垣,反阖外宫之门,填之以土。大夫侧席而坐,不御五味⑨,不答所劝。勾践有命于夫人、大夫曰:"国有守御。"

乃坐露坛之上⑩,列鼓而鸣之,军行成阵,即斩有罪

---

① 屏:当门的屏风小墙。 ② 我:原作"子",从徐天祜说校改。 ③ 阖:关闭。 ④ 笄(jī 几):用以插定发髻的簪。 ⑤ 侧席:两侧的坐席。这句说夫人不坐正席,表示不再主持内政。 ⑥ 垣:外宫墙。 ⑦ 食(sì 寺):供养,给人食物吃。 ⑧ 隳(huī 灰):毁坏。 ⑨ 御:进用。五味:泛指多种味道的食物。 ⑩ 露坛:露天的高台。

者三人,以徇于军①,令曰:"不从吾令者,如斯矣。"明日,徙军于郊,斩有罪者三人,徇之于军,令曰:"不从吾令者,如斯矣。"王乃令国中不行者,与之诀而告之曰:"尔安土守职,吾方往征讨我宗庙之仇,以谢于二三子。"令国人各送其子弟于郊境之上。军士各与父兄昆弟取诀,国人悲哀,皆作离别相去之词,曰:

跦躁摧长恧兮②,擢戟孠殳③。

所离不降兮④,以泄我王气苏。

三军一飞降兮,所向皆殂⑤。

一士判死兮⑥,而当百夫。

道祐有德兮,吴卒自屠。

雪我王宿耻兮,威振八都⑦。

军伍难更兮,势如貔貐⑧。

行行各努力兮,于乎⑨! 于乎!

于是观者莫不悽恻。明日,复徙军于境上,斩有罪者三人,徇之于军,曰:"有不从令者,如此。"后三日,复

---

① 徇:向众人宣示。 ② 跦(lì 力):走动。恧(nǜ):惭愧。 ③ 擢(zhuó 卓):拔,抽。殳(shū 书):古兵器名。 ④ 离:通"罹",遭难。 ⑤ 殂(cú):死亡。 ⑥ 判死:拼死。 ⑦ 都:古代行政区划名。 ⑧ 貔(pí 皮)、貐(chū 初):两种猛兽名。 ⑨ 于乎:感叹词。同"呜呼"。

徙军于槜李，斩有罪者三人，以徇于军，曰："其淫心匿行①，不当敌者，如斯矣。"

勾践乃命有司大徇军②，曰："其有父母无昆弟者，来告我。我有大事，子离父母之养，亲老之爱，赴国家之急。子在军寇之中，父母昆弟有在疾病之地，吾视之如吾父母昆弟之疾病也。其有死亡者，吾葬埋殡送之，如吾父母昆弟之有死亡葬埋之矣。"明日，又徇于军，曰："士有疾病，不能随军从兵者，吾予其医药，给其麋粥③，与之同食。"明日，又徇于军，曰："筋力不足以胜甲兵，志行不足以听王命者，吾轻其重，和其任。"明日，旋军于江南，更陈严法，复诛有罪者五人，徇曰："吾爱士也，虽吾子不能过也。及其犯诛，自吾子亦不能脱也。"

恐军士畏法不使，自谓未能得士之死力。道见蛙张腹而怒，将有战争之气，即为之轼④。其士卒有问于王曰："君何为敬蛙虫而为之轼？"勾践曰："吾思士卒之怒久矣，而未有称吾意者。今蛙虫无知之物，见故而有怒气，故为之轼。"于是，军士闻之，莫不怀心乐死，人致其命。

---

① 淫心匿行：指志行邪恶不正。匿，当作"慝"。 ② 徇军：宣示军队。 ③ 麋（mí 迷）：烂，碎。 ④ 轼：车箱前扶手横木。古人站在车上，扶轼表示敬意。

有司、将军大徇军中曰:"队各自令其部,部各自令其士,归而不归,处而不处,进而不进,退而不退,左而不左,右而不右,不如令者,斩。"于是,吴悉兵屯于江北,越军于江南。越王中分其师以为左右军,皆被兕甲①,又令安广之人佩石碣之矢②,张卢生之弩,躬率君子之军六千人以为中阵。明日,将战于江,乃以黄昏令于左军,衔枚溯江而上五里③,以须吴兵。复令于右军,衔枚逾江十里④,复须吴兵。于夜半,使左军涉江鸣鼓,中水以待吴发。吴师闻之,中大骇,相谓曰:"今越军分为二师,将以使攻我众。"亦即以夜暗中分其师,以围越。越王阴使左右军与吴望战⑤,以大鼓相闻,潜伏其私卒六千人,衔枚不鼓攻吴,吴师大败。越之左右军乃遂伐之,大败之于囿⑥。又败之于郊,又败之于津。如是三战三北⑦,径至吴,围吴于西城。吴王大惧,夜遁。

越王追奔,攻吴兵,入于江阳、松陵⑧。欲入胥门⑨,来至六七里,望吴南城,见伍子胥头,巨若车轮,目若耀

---

① 兕(sì四):动物名。有说是雌性犀牛。 ② 安广:越国地名。 ③ 衔枚:古代行军时为防止喧哗而含在口中的木片。溯:逆流而上。 ④ 逾:越过,超越。 ⑤ 望战:即佯战。 ⑥ 囿:吴国地名,今上海市松江。 ⑦ 北:败北。 ⑧ 江阳:吴国地名,故址不详。松陵:今江苏省吴江的别称。 ⑨ 胥门:吴国都城的南门。

电,须发四张,射于十里。越军大惧,留兵假道①。即日夜半,暴风疾雨,雷奔电激,飞石扬砂,疾于弓弩。越军坏败,松陵却退,兵士僵毙,人众分解,莫能救止。范蠡、文种乃稽颡肉袒②,拜谢子胥,愿乞假道。子胥乃与种、蠡梦,曰:"吾知越之必入吴矣,故求置吾头于南门,以观汝之破吴也。惟欲以穷夫差。定汝入我之国,吾心又不忍,故为风雨以还汝军。然越之伐吴,自是天也,吾安能止哉?越如欲入,更从东门,我当为汝开道贯城,以通汝路。"于是,越军明日更从江出,入海阳于三道之翟水③,乃穿东南隅以达,越军遂围吴。

守一年,吴师累败,遂栖吴王于姑胥之山④。吴使王孙骆肉袒膝行而前,请成于越王,曰:"孤臣夫差,敢布腹心:异日得罪于会稽,夫差不敢逆命,得与君王结成以归。今君王举兵而诛孤臣,孤臣惟命是听,意者犹以今日之姑胥⑤,曩日之会稽也⑥。若徼天之中,得赦其大辟⑦,则吴愿长为臣妾。"勾践不忍其言,将许之成。范蠡

---

① 假道:借路。 ② 稽颡(sǎng嗓):古代所行跪拜礼,额头触地。颡,额头。肉袒:袒衣裸体,古代表示降服、请罪。 ③ 海阳、三道:均为吴国地名,故址当在今江苏省苏州市境内。翟水:水名。 ④ 姑胥之山:姑胥山又名姑苏山、姑余山,在今江苏省苏州市西南。 ⑤ 意者:抑或,料想。 ⑥ 曩(nǎng)日:昔日,从前。 ⑦ 大辟:死刑。

曰:"会稽之事,天以越赐吴,吴不取。今天以吴赐越,越可逆命乎?且君王早朝晏罢,切齿铭骨,谋之二十余年,岂不缘一朝之事耶①?今日得而弃之,其计可乎?天与不取,还受其咎。君何忘会稽之厄乎?"勾践曰:"吾欲听子言,不忍对其使者。"范蠡遂鸣鼓而进兵,曰:"王已属政于执事②,使者急去,不时得罪。"吴使涕泣而去。勾践怜之,使令人谓吴王曰:"吾置君于甬东③,给君夫妇三百余家,以没王世,可乎?"吴王辞曰:"天降祸于吴国,不在前后,正孤之身,失灭宗庙社稷者。吴之土地民臣,越既有之,孤老矣,不能臣王。"遂伏剑自杀。

勾践已灭吴,乃以兵北渡江淮,与齐、晋诸侯会于徐州④,致贡于周。周元王使人赐勾践。已受命号,去还江南。以淮上地与楚,归吴所侵宋地,与鲁泗东方百里⑤。当是之时,越兵横行于江淮之上,诸侯毕贺。

越王还于吴,当归而问于范蠡曰:"何子言之其合于天?"范蠡曰:"此素女之道⑥,一言即合大王之事。王问为实,《金匮》之要⑦,在于上下⑧。"越王曰:"善哉。吾不

---

① 缘:因为。 ② 执事:办事人员,范蠡自指。 ③ 甬东:指甬江以东之地。 ④ 徐州:即今江苏省徐州市。 ⑤ 泗东:今山东省东南部,即吴王夫差伐齐时所占的艾陵等地。 ⑥ 素女之道:阴阳天道。素女,传说中的神女名。 ⑦《金匮》:古代一种占卜书。 ⑧ 上下:领会、琢磨的意思。

称王,其可悉乎?"蠡曰:"不可。昔吴之称王,僭天子之号①,天变于上,日为阴蚀。今君遂僭号不归,恐天变复见。"

越王还于吴,置酒文台,群臣为乐。乃命乐作伐吴之曲,乐师曰:"臣闻即事作操②,功成作乐③。君王崇德,诲化有道之国,诛无义之人,复仇还耻,威加诸侯,受霸王之功。功可图画,德可刻于金石,声可托于弦管④,名可留于竹帛⑤。臣请引琴而鼓之。"遂作章畅辞曰:"屯乎⑥,今欲伐吴可未耶?"大夫种、蠡曰:"吴杀忠臣伍子胥,今不伐吴人何须⑦?"

大夫种进祝酒,其辞曰:"皇天祐助,我王受福。良臣集谋,我王之德。宗庙辅政,鬼神承翼⑧。君不忘臣,臣尽其力。上天苍苍,不可掩塞。觞酒二升,万福无极。"于是,越王默然无言。大夫种曰:"我王贤仁,怀道抱德。灭仇破吴,不忘返国。赏无所吝,群邪杜塞。君臣同和,福祐千亿。觞酒二升,万岁难极。"台上群臣大悦而笑,越王面无喜色。

---

① 僭:僭越,超越身份。 ② 操:琴曲体类名。 ③ 乐:音乐、舞蹈、诗歌合成的乐舞。 ④ 弦管:弦乐和管乐。 ⑤ 竹帛:竹指竹简,帛指白绢,古代发明纸之前,用以书写文字。后用来指书册、史书。 ⑥ 屯:艰难。 ⑦ 人:徐注"'人'当作'又'"。 ⑧ 翼:辅助。

范蠡知勾践爱壤土,不惜群臣之死,以其谋成国定,必复不须功而返国也,故面有忧色而不悦也。范蠡从吴欲去,恐勾践未返,失人臣之义,乃从入越。行谓文种曰:"子来去矣①,越王必将诛子。"种不然言。蠡复为书遗种曰:"吾闻天有四时,春生冬伐。人有盛衰,泰终必否②。知进退存亡而不失其正,惟贤人乎?蠡虽不才,明知进退。高鸟已散,良弓将藏。狡兔已尽,良犬就烹。夫越王为人长颈鸟喙③,鹰视狼步,可与共患难而不可共处乐,可与履危,不可与安。子若不去,将害于子,明矣。"文种不信其言。越王阴谋,范蠡议欲去,徼幸④。

二十四年,九月丁未,范蠡辞于王曰:"臣闻主忧臣劳,主辱臣死,义一也。今臣事大王,前则无灭未萌之端,后则无救已倾之祸。虽然,臣终欲成君霸国,故不辞一死一生。臣窃自惟,乃使于吴。王之惭辱,蠡所以不死者,诚恐谗于太宰嚭,成伍子胥之事。故不敢前死,且须臾而生。夫耻辱之心不可以大,流汗之愧不可以忍。幸赖宗庙之神灵,大王之威德,以败为成。斯汤武克夏商而成王业者。定功雪耻,臣所以当席日久,臣请从斯

---

① 来:语气词,等于说"这样一来"。 ② 泰终必否:泰、否本是《周易》两个卦名,古时多用以形容命运的好坏,事情的顺逆。 ③ 鸟喙:俗称"鹰嘴鼻"。古代迷信,以人鼻似鸟喙者主阴险。 ④ 徼:同"侥"。

辞矣。"越王恻然①,泣下沾衣,言曰:"国之士大夫是子②,国之人民是子,使孤寄身托号以俟命矣。今子云去,欲将逝矣。是天之弃越而丧孤也,亦无所恃者矣。孤窃有言:公位乎?分国共之。去乎?妻子受戮。"范蠡曰:"臣闻君子俟时,计不数谋,死不被疑,内不自欺。臣既逝矣,妻子何法乎?王其勉之,臣从此辞。"乃乘扁舟,出三江,入五湖,人莫知其所适。

范蠡既去,越王愀然变色③,召大夫种曰:"蠡可追乎?"种曰:"不及也。"王曰:"奈何?"种曰:"蠡去时,阴画六④,阳画三⑤,日前之神⑥,莫能制者;玄武天空威行⑦,孰敢止者?度天关⑧,涉天梁⑨,后入天一⑩。前翳神光⑪,言之者死,视之者狂。臣愿大王勿复追也。蠡终不还矣。"越王乃收其妻子,封百里之地,有敢侵之者,上天所殃。于是,越王乃使良工铸金象范蠡之形,置之坐侧,朝夕论政。

自是之后,计砚佯狂。大夫曳庸、扶同、皋如之徒,

---

① 恻然:悲伤的样子。 ② 是:以为是,此指肯定。
③ 愀(qiǎo 巧)然:忧伤的样子。 ④ 阴画:《易》卦的阴爻。阴画六,指坤卦。 ⑤ 阳画:阳爻。阳画三,指乾卦。 ⑥ 日前之神:在太阳前面运行的神。 ⑦ 玄武:古代神道中的北方太阴之神。其形象为龟,一说为龟蛇合称。 ⑧⑨⑩ 天关、天梁、天一:均为星名。 ⑪ 翳(yì益):遮蔽。

日益疏远，不亲于朝。大夫种内忧不朝，人或逸之于王曰："文种弃宰相之位，而令君王霸于诸侯，今官不加增，位不益封，乃怀怨望之心，愤发于内，色变于外，故不朝耳。"异日，种谏曰："臣所以蚤朝而晏罢①，若身疾作者，但为吴耳。今已灭之，王何忧乎？"越王默然。时鲁哀公患三桓②，欲因诸侯以伐之。三桓亦患哀公之怒，以故君臣作难。哀公奔陉③，三桓攻哀公。公奔卫，又奔越。鲁国空虚，国人悲之，来迎哀公，与之俱归。勾践忧文种之不图，故不为哀公伐三桓也。

　　二十五年，丙午平旦④，越王召相国大夫种而问之："吾闻知人易，自知难。其知相国何如人也？"种曰："哀哉，大王知臣勇也，不知臣仁也；知臣忠也，不知臣信也。臣诚数以损声色，灭淫乐，奇说怪论，尽言竭忠，以犯大王，逆心咈耳⑤，必以获罪。臣非敢爱死不言，言而后死。昔子胥于吴矣，夫差之诛也，谓臣曰：'狡兔死，良犬烹。敌国灭，谋臣亡。'范蠡亦有斯言。何大王问犯《玉门》之

---

① 蚤：通"早"。原作"在"，从徐天祜说校改。　② 三桓：春秋时鲁国大夫孟孙（仲孙）、叔孙、季孙，都是鲁桓公的后代，故称三桓。鲁文公死后，三桓分领三军，实际掌握了鲁国政权。　③ 陉：春秋时楚国地名，在今河南省。据《史记》、《左传》记载，鲁哀公是投奔当地的有陉氏。　④ 平旦：清晨。　⑤ 咈：违背，抵触。

第八①？臣见王志也。"越王默然不应，大夫亦罢。

哺其食以成人恶②。其妻曰："君贱！一国之相，少王禄乎？临食不亨③，哺以恶何？妻子在侧，匹夫之能，自致相国，尚何望哉？无乃为贪乎④？何其志忽忽若斯？"种曰："悲哉，子不知也。吾王既免于患难，雪耻于吴。我悉徙宅自投死亡之地⑤，尽九术之谋，于彼为佞，在君为忠。王不察也，乃曰：知人易，自知难。吾答之又无他语，是凶妖之证也。吾将复入，恐不再还，与子长诀，相求于玄冥之下⑥。"妻曰："何以知之？"种曰："吾见王时，正犯《玉门》之第八也。辰克其日⑦，上贼于下，是为乱丑，必害其良。今日克其辰，上贼下止，吾命须臾之间耳。"

越王复召相国，谓曰："子有阴谋兵法，倾敌取国。九术之策，今用三已破强吴，其六尚在子所，愿幸以余术为孤前王于地下，谋吴之前人。"于是种仰天叹曰："嗟

---

①《玉门》：古代的一种占卜书。　②食：原误作"耳"。恶：粪便。这句大意是说，喂给人食物，而造成人的粪便，比喻好心遭恶报。　③亨：通"享"。　④无乃：莫非，岂不是。　⑤"我悉"句：文种原是楚国人，楚平王时曾为楚国宛令，后迁到越国。　⑥玄冥：原意是暗昧，引申为地下。　⑦辰、日：古代以干支纪日，干称日，支称辰。从甲至癸为十日，从子至亥为十二辰。

乎！吾闻大恩不报，大功不还，其谓斯乎？吾悔不随范蠡之谋，乃为越王所戮。吾不食善言，故哺以人恶。"越王遂赐文种属卢之剑①。种得剑，又叹曰："南阳之宰而为越王之擒②。"自笑曰："后百世之末，忠臣必以吾为喻矣。"遂伏剑而死。越王葬种于国之西山③，楼船之卒三千余人④，造鼎足之羡⑤，或入三峰之下。葬一年，伍子胥从海上穿山胁而持种去⑥，与之俱浮于海。故前潮水潘候者⑦，伍子胥也。后重水者，大夫种也。

越王既已诛忠臣，霸于关东⑧，从琅玡起观台⑨，周七里以望东海，死士八千人，戈船三百艘。居无几，射求贤士⑩。孔子闻之，从弟子奉先王雅琴礼乐奏于越⑪。越王乃被唐夷之甲⑫，带步光之剑⑬，杖屈卢之矛⑭，出死士以三百人为阵关下。孔子有顷到，越王曰："唯唯⑮，

---

① 属卢：剑名。也作"属镂"。 ② 南阳之宰：南阳，又名"宛"，楚国地名，在今河南省南阳市。宰，春秋时卿大夫采邑的长官。文种曾做过楚国南阳的地方长官。 ③ 西山：越国山名。 ④ 楼船：有叠层的大船。古代多用作战船。 ⑤ 羡：墓道。 ⑥ 山胁：山腰。 ⑦ 潘候：旋转的水流。潘，通"蟠"。 ⑧ 关东：指函谷关以东。 ⑨ 琅玡（láng yá 郎牙）：也作"琅邪"。山名。在今山东诸城东南。 ⑩ 射：追求、逐取。 ⑪ 雅琴：乐器名。奏：进献。 ⑫ 唐夷：也作"棠夷"。甲名。 ⑬ 步光：剑名。 ⑭ 屈卢：矛名。 ⑮ 唯唯：恭敬而顺从的应答词。

夫子何以教之?"孔子曰:"丘能述五帝三王之道,故奏雅琴以献之大王。"越王喟然叹曰①:"越性脆而愚,水行山处,以船为车,以楫为马②,往若飘然,去则难从,悦兵敢死,越之常也。夫子何说而欲教之?"孔子不答,因辞而去。

越王使人如木客山③,取元常之丧④,欲徙葬琅邪。三穿元常之墓,墓中生飙风⑤,飞砂石以射人,人莫能入。勾践曰:"吾前君其不徙乎?"遂置而去。

勾践乃使使号令齐、楚、秦、晋,皆辅周室,血盟而去⑥。秦桓公不如越王之命,勾践乃选吴越将士,西渡河以攻秦。军士苦之。会秦怖惧,逆自引咎,越乃还军。军人悦乐,遂作《河梁之诗》⑦,曰:"渡河梁兮渡河梁,举兵所伐攻秦王。孟冬十月多雪霜,隆寒道路诚难当。阵兵未济秦师降,诸侯怖惧皆恐惶。声传海内威远邦,称霸穆桓齐楚庄⑧。天下安宁寿考长,悲去归兮何无梁。"自越灭吴,中国皆畏之。

---

① 喟然:叹息的样子。 ② 楫:船桨。 ③ 木客山:越国山名,在今浙江绍兴市。 ④ 元常:又作"允常",勾践的父王,越国的草创者。 ⑤ 飙风:疾风。 ⑥ 血盟:歃血盟誓。 ⑦ 河梁:桥梁。 ⑧ 穆:秦穆公。桓:齐桓公。楚庄:楚庄王。春秋时最著名的三个霸主。

二十六年,越王以邾子无道而执以归①,立其太子何。冬,鲁哀公以三桓之逼来奔。越王欲为伐三桓,以诸侯大夫不用命,故不果耳。

二十七年,冬,勾践寝疾②,将卒,谓太子兴夷曰:"吾自禹之后,承元常之德,蒙天灵之祐、神祇之福,从穷越之地,籍楚之前锋③,以摧吴王之干戈。跨江涉淮,从晋齐之地④,功德巍巍。自致于斯,其可不诫乎?夫霸者之后,难以久立,其慎之哉!"遂卒。

【翻译】

勾践十五年,越王谋划讨伐吴国,他对文种说:"我采用您的计谋,逃脱了上天残酷的诛杀,回到越国。我确实已向国民劝说,国民喜悦。而你过去曾说:上天一有征兆降下,就来告诉我。现在上天有什么反应吗?"文种说:"吴国之所以强大,是因为有伍子胥。现在伍子胥因为忠言直谏,被吴王赐死,这是上天预示吴国将灭亡的证明。希望大王全心尽意地去说服国民。"

越王说:"你听一下我说服国民的言辞:我不知道自己的力量不足,向大国报仇,因而使无数百姓的尸骨暴

---

① 邾子:春秋邾国国君。邾国故地在今山东省邹城。
② 寝疾:卧病。 ③ 籍:通"藉"。借助。 ④ 从:通"纵"。

露在原野,这是我的罪过。我确实改变自己的政策,于是,我安葬死难的人,慰问受伤的人,吊唁有哀愁的人,祝贺有喜事的人,迎送来往宾客,为百姓消除灾害。然后卑下地服侍夫差,派三百名官兵到吴国供夫差驱使。吴王封给我数百里的土地,我约请吴国父老兄弟,对他们发誓说:我听说古代的贤明君主,四方百姓都像流水一样归依他。我没有治理国家的本领,将率大夫们夫妻作为藩辅。我下令壮年男子不能娶老年妇女为妻,老年男子不能娶壮年妇女为妻。女子十七岁还不嫁人,她的父母有罪。男子二十岁还不娶妻,他的父母有罪。妇女临近分娩,要向我汇报,我会派医生去守护。生两个男孩,赐给一壶酒、一条狗。生两个女孩,赐给一壶酒、一头小猪。生三个孩子,我给派奶娘。生两个孩子,我给抚养一个。长子死了,家里可以免除三年赋役;小儿子死了,家里可以免除三个月赋役。而且我一定像对待自己的儿子一样,哭泣着把他们安葬。下令孤儿、寡妇、患病贫穷者,把子女交给国家抚养。如果要做官,计量供给他们住房,给他们好衣服穿,让他们吃饱饭,从中选拔优秀人才。凡是四方前来归依的士人,我一定在朝庭会见,以礼相待,用车载着饭、汤让他们到全国各地巡游。遇到正在嬉戏的儿童,就喂他们吃喝,施以慈爱,问他们叫什么名字。以致这些孩子非要吃我准备的饭,非要让我夫人给他们穿衣。我七年不收赋税,国民家中有足供三年之用的储备。男人快乐地歌唱,女人聚在一起欢笑。现在越国父老兄弟每天向我请求说:当年夫差使我们大王在诸侯中蒙受羞辱,长期被天下人耻笑。现在越国富饶,大王又节俭,请允许我们为大王雪耻。我推辞说:'当年我受侮辱,不是你们的罪过。像我这样的人,怎么敢让百姓受劳累,为我报旧仇呢?'他们再次请求说:'越国境内所有百姓,都是国君的子女。子女为父亲报仇,臣下替国君平复怨恨,岂敢有不尽力的?我们请求再战,消除大王的旧仇。'我高兴地答应了。"

大夫文种说:"我看吴王在齐国、晋国得志后,以为他会顺势侵犯我国,兵临我国边境。可现在他们已是疲惫之师,士兵正在休整,一年过去了,还没有试图进攻,似乎把我们忘记了,但我们不能懈怠,臣下这就卜问一下天意。吴国百姓疲于军旅,困于战争,集市上连糙米也没有积存,国家仓库空虚。他的人民一定有迁徙的意向,天一冷,他们为了获得蛤蚌之类东西,就会迁到东海岸边。我用龟甲占卜人事,与用筮草占卜的结果一致。大王如果起兵,利用可以遇见的有利时机,侵犯吴国边境地区,但现在还不能前往。吴王虽然没有讨伐我们的意思,也很难用激怒来煽动他。不如先在国民中做些解释工作,让他们了解这层意思。"

越王说："我并不想发动战争,是国民已向我请战三年,我不得不顺从国民的愿望。现在我听到大夫文种的进谏辩难。"越国父老兄弟又进谏说："吴国是可以讨伐的,我们胜了就灭掉他们国家,不能取胜也要困住它的军队。吴国如果求和,大王就与吴王会盟,这样您的功名就会在诸侯中流传。"越王说："好。"于是,召集群臣大会,下令说："有谁敢就讨伐吴国之事进谏,罪在不赦。"范蠡、文种二人互相说："我们的劝说已不合大王的心意了,但我们还是要服从大王的命令。"

越王集合军队,告诫众位将士,对他们立誓说："我听说古代的贤明君主,不是担心自己兵员不足,而是担心他们的志向、品行缺少廉耻。现在夫差光是穿水犀牛皮甲的士兵就有十三万人,可他不是担心士兵的志向、品行是否缺少廉耻,反而还在担心兵员不足。现在我将借助天威。我不要个人的匹夫之勇,我要士兵进攻时想着立功受赏,后退时要想到避免刑罚。"于是,越国百姓父亲勉励儿子,哥哥勉励弟弟,都说："吴国可以讨伐。"

越王又召见范蠡,对他说："吴王已经杀了伍子胥,阿谀奉承之辈很多。我国百姓又劝我进攻吴国,这样可以讨伐吴国吗?"范蠡说："还不行。要等到明年春天,然后可以。"越王问："为什么?"范蠡说："我观察吴王北上黄池和诸侯会盟,精锐军队跟去了,国内兵力空虚,只剩下一些老弱士兵,由太子留守。但吴王大军刚出国境不远,如听到越国乘虚偷袭,回师并不困难。不如等到明年春天。"

第二年夏天六月丙子,越王再次询问,范蠡说:"可以进攻了。"于是动员了熟悉水战的士兵二千人,训练有素的士兵四万人,近卫亲兵六千人,各级官佐一千人,在乙酉日与吴国交战。丙戌日,越军就俘虏了吴国太子,将他杀死。丁亥日,越军攻入吴国都城,焚烧了姑胥台。吴国向夫差告急,夫差正在黄池与诸侯会盟,害怕天下知道这个消息,就保密不让泄露。等黄池会盟完毕后,才派人向越国求和。越王考虑到自己还没有力量灭亡吴国,便与吴国讲和。

勾践二十一年七月,越王又发动全国兵力进攻吴国。正巧楚国派申包胥前来越国访问,越王于是问申包胥:"我现在可以讨伐吴国吗?"申包胥说:"我对谋划之事很浅陋,没有资格预测。"越王说:"吴王行为不仁道,破坏我的社稷,毁灭我的宗庙,把它们变成平地,让我无法祭祀。我要和吴王争夺上天的福祐,只是车马、兵甲、队伍都已准备好了,但不知该怎样去做。我固然听说过战争,但是怎样做才可以呢?"申包胥说:"我很愚笨,不能知道。"越王坚持要问,申包胥才说:"吴国是一个良好的国家,吴王在诸侯中有贤能之名。我斗胆问一下,大王的战争依靠是什么?"越王说:"在我身边的人,遇到我饮酒吃肉,从来没有不分给他们的。我平常的饮食不讲究滋味,欣赏音乐不求声音完美,只求向吴国报仇。但愿能靠这些与吴国交战。"申包胥说:"好是好了,但还不能用来交战。"越王说:"在越国,我施行博爱,对待百姓像对待自己的孩子一样,用忠信和恩惠培养他们。现在我制订了宽大的刑罚,以人民的欲望为欲望,让人民的憎恶去除掉,称赞他们的美德,掩盖他们的恶行,只求向吴国报仇。但愿能靠这些与吴国交战。"申包胥说:"好是好了,但还不能交战。"越王说:"在越国,富人我使他们安定,穷人我给他们补助,救济不足,损减有余,使贫富都不损失他们的利益,只求向吴国报仇,但愿能靠这些交战。"申包胥说:"好是好了,但还是不能交战。"越王说:"越国南面与楚国相距,西南靠近晋国,北面与齐国相望。对这些邻邦,我都在春秋两季奉献财物、玉石、布帛、子女,从来没敢间断,只求向吴国报仇。但愿能靠这些交战。"申包胥说:"好啊!无以复加了。但还不可以交战。战争的道理,智慧是首位的,其次是仁爱,决断靠勇敢。假如国君和将领不聪明,既然没有权变的计谋,也就无法分清敌我力量的多少。假如没有仁爱,就不能有与三军士兵忍饥受冻的节操,共有同甘共苦的喜悦。假如不勇敢,就不能决断退却与前进的犹疑,不能裁决肯定与否定的议论。"于是，越王说："我恭敬地接受您的教诲。"

　　这年冬天十月，越王请来八位大夫，对他们说："过去吴王行为不仁道，破坏我们的宗庙，毁灭我们的社稷，把它们变为平地，使我们无法举行祭祀。我要争取上天的福祐，兵甲早已准备好了，只是不知道怎样去做。我请教了申包胥，他已给了我指点。现在我敢告诉诸位大夫，你们看怎么样？"

　　大夫曳庸说："切实奖赏就可以作战。切实奖赏，明确信用，没有功劳得不到奖赏，有功劳就一定给予奖赏，那么士兵就不会懈怠。"越王说："圣明啊！"

　　大夫苦成说："切实惩罚才可以作战。切实惩罚，那么士兵就会望而生畏，不敢违抗命令。"越王说："勇敢啊！"

　　大夫文种说："核实事物才可以作战。核实事物就能辨别是非。是非明察，就没有人能来迷惑我们。"越王说："明辨啊。"

　　大夫范蠡说："切实战备才可以作战。切实准备，谨慎守卫，以待意外事件的发生。战备设置，防守牢固，就一定可以应付任何变难。"越王说："谨慎啊！"

　　大夫皋如说："审核声音才可以作战。审核声音，用以辨别清浊。清浊，是说我们国君的名声要传到周王室那里,而且使各国诸侯在国外不抱怨恨。"越王说:"得人心啊!"

大夫扶同说:"扩大恩惠,知道本分才可以作战。用广博施舍扩大恩惠,知道本分就不会有外心。"越王说:"神明啊!"

大夫计砚说:"观察天地,人应合天地变化,才可以作战。天道变化,地道相应,人道方便有利,三者都有预兆,然后才可以作战。"越王说:"明智啊!"

于是,勾践退居斋戒,然后命令国民说:"我将公布一个你们意料不到的动议,从近到远,要没有听不到的。"又命令执行官员向国民传达他的指示:"服从命令者有赏,大家都要按期到国都门前集合。有不服从命令者,我将当众处死。"勾践担心国民不信任他,就派使者到周王朝报告这次战争,为征讨不义,使各国诸侯不致在外怨恨。勾践在国内下令说:"凡是在五天之内前来集合的,就是我的良民。超过了五天,就不是我的国民,还将要被处死。"

教令发布之后,越王就到内宫嘱咐夫人。越王背向门内屏风小墙,夫人向着屏风小墙站着,越王说:"从今天以后,官内的事不许向外传,外面的事也不许向宫内传。各守其职,以尽自己的信义。官内出了丑事,就是你的责任。越军在境外千里遭受败辱,就是我的责任。

我到这里见你，就是把这一点作为明确的告诫了。"越王走出内宫，夫人送越王不走出屏风小墙。越王回身关上宫门，填上土。夫人去掉头上的簪，在侧席上坐着，安下心思，不事修饰，房内三个月不打扫。

越王走出内宫，又背向外宫墙站着，大夫们面向外宫墙恭敬侍立。越王就命令大夫们说："如果给养士人不公平，田地土壤不耕好，让我在国家面前受到羞辱，这是你们的罪过。如果临敌不战，士兵不能舍生忘死，在诸侯国面前受到耻辱，功业在天下人面前毁坏，这是我的责任。从今以后，国内的政事不要向外传播，外面的政事不要散播到国内。我坚持这样告诫你们。"大夫们恭敬地接受命令。越王走出宫门，大夫们送出外宫墙，回来关上外宫门，填上土。大夫们在侧席坐着，不吃精美的食物，不答理别人的劝告。越王有命令对夫人及留守的大臣们说："越国就由你们来守御了。"

越王坐在露天的高台上，摆下战鼓，亲自擂响，三军列队排成阵形，将三个有罪的人斩首，在军中巡行示众，下令说："凡是不服从我命令的人，就照这样。"第二天，军队移驻郊外，又将三个有罪的人斩首，在军中巡行示众，下令说："凡是不服从我命令的人，就照这样。"越王召集留守国内的人，与他们诀别，告诉他们说："你们安心在国内做好本职工作，我就去征讨毁坏我们宗庙的仇敌,以此答谢你们。"让国民到郊外为他们出征的子弟送行。士兵各自与父亲、兄弟诀别,国民为之悲哀,共同创作了一首离别的歌词,歌中唱道:

长期的羞愧摧折着激动不安的心灵啊,举起长戟,紧握大矢。

遭遇灾难不投降啊,透露我们大王的元气复苏。

三军自天一飞降啊,所向的敌人全都死亡。

一个战士拼死啊,就能抵当一百个男儿。

天道祐助有德之人啊,吴王最终会自取灭亡。

洗刷我王长久的耻辱啊,威风振动四面八方。

军队斗志毫不动摇啊,势同凶猛的貔貅。

走吧走吧各自努力啊,呜呼啊呜呼啊!

这时,围观的人们无不悲伤。第二天,军队移驻边境,越王又将三个有罪的人斩首,在军中巡行示众,下令说:"有敢不服从命令的,就这样斩首。"三天之后,军队又移驻檇李,越王将三个有罪的人斩首,在军中巡行示众,下令说:"凡是志行邪恶,不能临阵对敌者,就这样处理。"

勾践命令执行官吏在全军大巡视,宣告说:"将士中凡是有父母而无兄弟的,都来告诉我。我发动对吴战争,你们离开了父母的养育,亲人长老的抚爱;奔赴国家急难。无论你们在军中作战或是为敌人俘虏,如果家中父母兄弟生病,我会像自己的父母兄弟生病一样对待;如果他们不幸死亡,我会像对待自己的父母兄弟一样,将他们殡葬。"第二天,又在军中巡行宣布:"士兵如果生病,不能随军出征,我会给他医药,给他米粥,和他一起进餐。"第二天,又在军中巡行宣布:"因为力气小,不能披戴盔甲、使用兵器的人,或是志行不足以接受大王任命的人,我会减轻他们的负担,给他们安排合适的工作。"第二天,越国军队回到江南岸扎营,勾践再次申明严厉的法令,又处死五个有罪的人,巡行宣布说:"我爱士兵,即使对我儿子,也不能超过对士兵的爱。但等到犯了死罪,就是我的儿子也不能赦免。"

勾践担心士兵只是畏惧法令,而无法使用,自认为还没能得到士兵的死力。他在路边看见一只青蛙鼓着肚子发怒,似乎准备开战,勾践就在车上扶轼表示敬意。有士兵问勾践说:"大王为何扶轼对一个青蛙表示敬意呢?"勾践说:"我盼望士兵的愤怒很久了,但一直没有称我意的。如今青蛙这样一个无知的动物,遇见敌人竟然一身怒气,所以我扶轼向它表示敬意。"士兵们知道这事后,无不与越王同心,乐于效死,人人都愿奉献自己的生命。

负责执令的将军在军中大巡视宣布:"各队号令自己所部,各部号令自己的士兵,如果该归不归,该停不停,该进不进,该退不退,该左不左,该右不右,不服从号令的,一律斩首。"于是,吴国军队全部屯驻江北岸,越国军队集结在江南岸。越王将自己的部队对半分为左、右两军,都穿着兕皮甲,又让安广来的士兵携带碣石箭头,张开卢生发明的弩,自己亲自率领六千亲兵作为中央军阵。第二天,吴越两军将在江上交战,越王在黄昏时命令左军,衔枚逆流上去五里,等待吴军。又命令右军衔枚过江,潜入十里,也等待吴军。这天半夜,越王命令左军鸣鼓渡江,在江中等待吴国出兵。吴军听到鼓声,内部非常惊骇,相互说:"现在越军分成左右两军,将向我们发动进攻。"于是吴军也连忙在黑夜里对半分成两部分,以包围越军。越王暗中派左右两军与吴军佯战,大声擂鼓吸引吴军的注意,而让其潜伏的六千亲兵,衔枚不擂战鼓,袭击吴军,吴军大败。越国左右两军随即加入进攻,在囿大败吴军。越军又在城郊打败吴军,又在渡口打败吴军。这样吴军三战三败,越军一直攻到吴国都城,将吴王包围在吴都西城。吴王非常害怕,连夜逃遁。

越王率兵追赶,进攻吴军,一直追到江阳、松陵。越军想从胥门进入吴国都城,相距六、七里时就望到了吴都南城,看见伍子胥的头像车轮一样大,目光好似闪电,须发四下张开,目光射到十里远。越军非常害怕,停下来借路。当天半夜,暴风疾雨,雷电交加,飞石扬砂,比弓弩射出的箭石还快。越军损失惨重,被迫从松陵撤退,士兵僵卧毙命,众人逃散,无法援救制止。于是范蠡、文种额头触地,袒露上身,拜谢伍子胥,乞求借路。伍子胥托梦给文种、范蠡,说:"我早就知道越军肯定会攻入吴国都城,所以请求把我的头颅挂在都城南门,看着你们攻破吴国都城。我只想让夫差走投无路。但当你们一定要进入我国,我又于心不忍,所以制造风雨吓退你们的军队。然而越国讨伐吴国,自是天意,我怎么能制止呢?越军如想进城,可改从东门,我会为你们开道穿过全城,打通你们的道路。"于是,越军第二天改从江上出发,通过三道的翟水进入海阳,然后穿过东南角到达吴国都城,将该城包围。

相持一年,吴军屡遭败绩,遂将吴王逼上姑胥之山栖居。吴王派王孙骆裸身匍伏前行,向越王求和说:"臣下我夫差斗胆向大王吐露衷肠:往年曾经得罪大王于会稽山,我夫差不敢违背大王的吩咐,得以与大王讲和而回。如今大王兴兵诛伐我这臣下,我当然惟命是听,只是存想还将今日的姑胥山,当作昔日的会稽山。如果能得到上天垂怜,得以赦免死罪,那么吴国百姓永远做您的臣妾。"勾践不忍心听到这哀恳的言辞,想答应讲和。范蠡说:"当年会稽山的事,是上天把越国赐给吴国,吴国不取。现在上天把吴国赐给越国,越国难道可以违背天意吗?再说大王您清早操劳到很晚才休息,咬牙切齿,刻骨铭心,经营了二十多年,不就是为了这一天吗?今天得以实现,却又要放弃,这种做法行吗?上天赐予的东西不领取,反而会自食恶果。大王怎么忘记了当年会稽山的灾难呢?"勾践说:"我想听你的话,只是不忍心这样答复夫差派来的使者。"范蠡便击鼓进兵,喝道:"大王已将大事交给我处理,使者赶快走,否则随时会得罪。"吴国使者哭泣着离去。勾践怜悯吴国,于是派人对吴王说:"我把你安置在甬东,拨给你们夫妇三百来户人家,让你了此一生,可以吗?"吴王推辞说:"上天降灾祸于吴国,不前不后,正当我在位,成了断绝灭亡吴国宗庙社稷的人。吴国的土地、臣民,越国已经占有了,我老了,不能再做大王的臣下了。"遂拔剑自杀。

勾践灭掉吴国之后,就率兵北渡长江、淮河,同齐、晋等诸侯在徐州会盟,并向周王室朝贡。周元王派人赏赐勾践。勾践接受周王室的封号之后,撤回江南,把淮河流域的土地给了楚国,将吴国所侵占的宋国领地归还给宋国,给了鲁国泗水以东的地方百里。这时,越兵在长江、淮河横行无阻,各国诸侯都来通好致贺。

越王率兵回到吴国境内,临当回越国时,问范蠡:"为什么你的话总能合乎天意?"范蠡说:"这是素女的道术,所以一句话就能说准大王想知道的事情。大王若问实际运用,那么《金匮》的要领,在于琢磨。"越王说:"好啊!我如果不称王,能知道这些吗?"范蠡说:"不可以这样说。过去夫差自称王,僭越天子的名号,结果天象变异,太阳发生蚀变,现在大王如僭越天子名号,不撤兵回国,恐怕天象又会发生变异。"

越王率兵回到吴国后,在文台设宴,与群臣作乐。他命令乐师创作伐吴之曲,乐师说:"我听说就事创作琴曲,功成创作乐舞。大王崇尚道德,教化有道义的国家,诛伐无义之人,复仇雪耻,威临诸侯,天授霸王功业。大王的功绩可以载于图画,德业可以铭刻于金石,声望可以用乐曲歌颂,英名可以长留青史。请允许我拉琴击鼓,予以歌颂。"于是创作章畅辞说:"艰难啊!现在要讨伐吴国是否可以呢?"大夫文种、范蠡接着唱道:"吴王杀了忠臣伍子胥,现在不讨伐还等什么?"

文种上前祝酒,祝辞道:"皇天祐助,我们大王接受上天的赐福。良臣集合智谋,这是大王的功德。宗庙的祖先之灵辅佐国政,鬼神也暗中辅助。国君不忘记大臣,大臣竭尽其力。上天苍苍,不可欺瞒。举酒两杯,祝大王万福无极。"越王听后,默默不语。大夫文种又祝道:"我们大王贤能仁惠,怀抱道德。消灭仇敌,攻占吴国,不忘返回祖国。奖赏毫不吝惜,杜塞各种邪恶,君臣同心和谐，福祐千秋万代。举酒两杯，祝大王万寿无疆。"台上群臣都非常高兴地笑起来，越王却面无喜色。

范蠡知道勾践喜爱土地，为此不惜牺牲群臣的生命，所以他图谋已成，国家安定，一定不再需要群臣邀功而返回国内，所以面带忧色，不大高兴。范蠡本想从吴国离去，但担心勾践还未返回越国，自己先离去有失臣下的道义，于是就随勾践回到越国。范蠡临走时对文种说："你这一来该离去了，越王一定会杀掉你。"文种不以为然。范蠡又给文种留了一封信，信中写道："我听说天有春、夏、秋、冬四季，春天生长冬天杀伐。人有盛衰，好运过后，必是厄运。能够知道进退存亡，而又不失正道的人，是贤人吧？我虽然没什么才能，但清楚懂得进退的际遇。高飞的鸟散尽之后，好弓就将收藏起来。狡兔射尽之后，猎犬也该煮来吃了。越王为人，长脖子，鹰嘴鼻，眼睛像鹰，走路像狼，这种人可以同他共患难，不能同他共欢乐；可以同他共渡危难，不能同他共享安定。你如果不离去，他将加害于你，已经很明显了。"文种不相信范蠡的话。越王惯于阴谋，范蠡商议要离去，意图侥幸。

勾践二十四年九月丁未日，范蠡向越王告辞说："我听说国君忧愁，臣下辛劳，国君受到侮辱，臣下为之效死，道义是一样的。如今我服事大王，事前不能将祸端消灭在萌芽之中,事后不能拯救已经降临的灾祸。虽然如此,但我始终想辅助大王成就霸业,所以把生死置之度外。我私意这样想,因此当年就出使吴国。大王受尽羞辱,我之所以没有去死,确实是担心大王听信类似太宰嚭这样的小人的谗言,做出吴王杀害伍子胥那样的事。因此我没有敢先死,暂且活着。耻辱之心不可以扩大,冒汗的羞愧不可以忍受。幸亏依赖祖宗的神灵,大王的威德,越国因失败而变为成功。这是商汤、周武王消灭夏、商而成王业的成就。如今大王已建功雪耻,我在这个位子上也太久了,请允许我从此别去吧。"越王显得很悲伤,眼泪流下来沾湿了衣服,他说:"越国的士大夫肯定你,越国的人民肯定你,使我寄身在王号名义以等候天命。现在你说离开我,要到远方去。这是上天抛弃越国,致我死地,我今后没有什么人可以依靠了。我私心有话对你讲:你如要名位,我和你分国共治。你如要离开,妻子儿女将被杀掉。"范蠡说:"我听说君子知道等待时机,计策不必屡次谋算,死后不会被人猜疑什么,内心不欺骗自己。我既然远去,妻子儿女还不能抛弃?请大王自勉,我从此告别。"于是乘一只小船,出三江,入五湖,没有人知道他到了什么地方。

范蠡离去之后,越王忧伤得脸色都变了,他叫来大夫文种问:"能把范蠡追回来吗?"文种说:"追不上了。"越王说:"为什么?"文种说:"范蠡走的时候,占卜的卦象是阴爻六画,阳爻三画。在太阳前面的天神,没有谁能制止;北方玄武在天空威武行进,谁敢阻止?他度过天关,跨过天梁,然后进入天一。他前面遮蔽神光,议论他的人会死,看见他的人发狂。我希望大王不要再去追。范蠡终究是不会回来了。"越王于是收养了范蠡的妻子儿女,封给他们百里土地,并下令:谁敢侵犯他们,上天将降给他灾祸。越王又让好的工匠用黄金铸了一尊范蠡像,放在坐位旁边,早晚对着他谈论政事。

从此以后,计砚佯装疯狂。大夫曳庸、扶同、皋如等人与越王日益疏远,不亲近朝廷。大夫文种心怀忧虑,没有上朝,就有人向越王进谗言说:"文种放弃了宰相之位,辅佐大王称霸诸侯,可如今官职没有提升,爵位没有加封,因而怀有怨望之心,心里产生愤怒,外表就变了脸色,所以不上朝。"后来有一天,文种向越王进谏说:"我过去之所以清早就操劳到很晚才休息,好像身上疾病发作,那只是因为吴国的缘故。现在吴国已被消灭,大王还忧虑什么呢?"越王默然不语。当时,鲁哀公把孟孙氏、叔孙氏、季孙氏三家看作心病,想借助诸侯的力量讨伐他们。三家也担心鲁哀公发怒,因此君臣之间发生变难。鲁哀公投奔有陉氏,三家进攻哀公。哀公逃奔卫国,又逃奔越国。鲁国空虚,国民为之悲伤,派人来越国迎接鲁哀公,和他一起回归鲁国。勾践担心文种不会尽力谋划,因此没有出兵为鲁哀公讨伐孟孙氏、叔孙氏、季孙氏三家。

　　勾践二十五年,丙午清晨,越王召见相国大夫文种,向他问道:"我听说了解别人容易,了解自己却很困难。相国知道自己是个什么样的人吗?"文种说:"可悲啊,大王知道我的勇敢,却不知道我的仁义;知道我的忠心,却不知道我的诚信。我确曾数次劝谏大王减少声色娱乐,根绝纵欲放荡的行为,听来奇谈怪论,实际尽言竭忠。因此冒犯了大王,不合您的心意,也不中听,一定会因此得罪。我不敢因为爱惜生命而不说,宁愿说了之后被处死。从前是伍子胥在吴国,当夫差处死他的时候,曾对我说:'狡兔捕杀了后,猎犬就该煮来吃了;敌国灭亡了,谋臣就该死了。'范蠡也对我说过这话。为什么大王要问冒犯《玉门》第八的问题呢?我明白大王的心意了。"越王默默地没有回答,文种也就不再问。

　　喂人食物,然而造成其人的粪便。他的妻子说:"你真作贱!一国之相,难道大王的俸禄还少吗?对着食物不享用,为什么要用粪便喂?你妻子儿女都在身边,你不过匹夫的才能,使自己做到相国,还希望什么啊！莫非是为了贪心吗？为什么你的志趣这样的恍忽不定？"文种说："可悲啊，你不懂。我们大王已经免除灾祸，在吴国洗涮了耻辱。我举家迁徙到这死亡之地，向越王奉献了九条计谋，这在对方看来是奸巧，在国君却是忠心。可大王看不到这点，竟然对我说：知人易，自知难。我又没有什么话回答他，这是不祥的预兆。我会被再次召见，恐怕再也回不来了，这就与你诀别，我们九泉之下相见吧。"文种的妻子问："你怎么知道这些？"文种说："我会见大王的时辰，正触犯《玉门》第八。时辰克日子，上加害下，这就会造成乱丑之象，国君必定杀害忠良。今天是日子克时辰，上加害下为止，我的性命快要完了。"

越王果然又召见文种，对他说："你懂得阴谋兵法，可以打垮敌人，夺取国家。你的九条计策，现在我只用了三条就战胜了强大的吴国，其余六条还在你那儿，希望你使我有幸用余下的计策，为我在地下的先王，去图谋吴国的祖先。"于是，文种仰天长叹说："唉！我听说大恩得不到报答，大功得不到偿还，说的就是这种结局吧？我后悔没有听从范蠡的计谋，以至被越王杀害。我听不进好话，因此喂人食物而得到粪便的回报。"越王就赐给文种一把属卢剑。文种拿到剑后，又感叹说："我一个楚国南阳的地方官，而成为越王的擒获物。"嘲笑自己说:"此后一直到百世,忠臣一定拿我来做比喻了。"说完拔剑自杀。越王把文种安葬在越国的西山,派出三千多名水兵,为文种建造了一条鼎足形的墓道,有人说墓道深入到三座山峰下面。文种葬后一年,伍子胥从海上穿透山腰,将文种带去,和他一起漂浮在海上。所以每次涨潮时,潮水前的旋流就是伍子胥,后涌上的潮水就是文种。

越王已经杀掉忠臣,称霸关东,又在琅玡山上建造了一座观台,周长七里,站在上面眺望东海,拥有八千名敢死之士,三百艘战船。过了不久,越王又招揽贤士。孔子听说后,就领着弟子,带着周朝先王的雅琴、礼、乐,进献越王。越王于是身披唐夷甲,佩带步光剑,手持屈卢矛,派三百名敢死之士在城关下设仪仗。不久,孔子到了,越王说:"唯唯,夫子拿什么教导我呢?"孔子说:"我能讲述五帝三王的道理,因此愿演奏雅琴奉献大王。"越王叹息一声,说:"越人性格脆弱而又愚笨。在水上航行,在山上居住,百姓以船为车,以船桨为马。来时像风飘一般,离去就很难跟上。喜欢兵器,敢于拼死,这在越国人人习以为长。夫子有什么学说要教化他们吗?"孔子没有回答,告辞离去。

越王派人到木客山,取先王元常的遗骨,想迁葬琅邪山。但三次打穿元常的墓,墓中都刮出强劲的风,飞起沙石打人,人无法进去。勾践说:"我先君莫非不愿意迁葬?"于是不再迁葬。

勾践派使者号令齐、楚、秦、晋等诸侯,共同辅佐周王室,并歃血盟誓,然后才散去。秦桓公不听从越王勾践的号令,勾践于是挑选吴越将士,西渡黄河攻打秦国。士兵困苦不堪。恰好秦桓公也害怕了,反而引咎自责,越国于是撤回了军队。越军将士都很高兴,就创作了一首《河梁诗》,诗中写道:"渡桥梁啊渡桥梁,举兵讨伐进攻秦王。孟冬十月多雪霜,隆冬寒天路上实在难承当。军队未渡河,秦兵已投降,诸侯害怕都恐慌。声名传海内,威武震远邦,称霸如同秦穆公、齐桓公、楚庄王。天下安宁寿命长,可悲的是回去为何没有桥梁。"自从越国灭掉吴国,中原各国都害怕它。

勾践二十六年,越王以不仁道为由,将邾国国君押回越国,立太子何为国君。这年冬天,鲁哀公受到孟孙氏、叔孙氏、季孙氏三家的威逼,来投奔越国。越王本想为鲁哀公讨伐三家,但因各诸侯、大夫不从命,故未能兴兵。

勾践二十七年冬天,勾践卧病,快要死了,他对太子兴夷说:"我自大禹之后,秉承先王元常的德业,蒙受天灵的祐护,神祇的赐福,从穷僻的越地发迹,借助楚国先与吴国交锋,摧毁了吴国的军事力量。跨长江,渡淮河,纵兵齐晋之地,功德巍巍。我使自己达到如此成就,岂可不有所警惕?霸主的后代,往往难以长久,要谨慎啊!"说完就去世了。

《古代文史名著选译丛书》编纂始末①

马樟根　安平秋

今年1月,《古代文史名著选译丛书》已经出到100种101册(其中《史记》为2册)。4月份,最后的33种也已交稿。这样,全书133种即将呈献在读者面前。② 一项服务当前、造福子孙的普及优秀古代文化、进行爱国教育的大工程将宣告完工了。回想

---

①《古代文史名著选译丛书》由全国高校古籍整理研究工作委员会主持,古委会直接联系的18个古籍整理研究所为主要承担机构,章培恒、安平秋、马樟根任主编。本文于1992年4月,在《中国典籍与文化》杂志发表时题目是《衣带渐宽终不悔——〈古代文史名著选译丛书〉编纂始末》。这次将此文作为2011年修订版附录时,去掉原正标题,以原副标题为正式题目。　② 至1994年4月最后定稿时,全书为135部。2011年修订版出版时,全书为134部。

这一套丛书动员18所院校,投入100余人,从1985年筹划,1986年起步,到今天已度过了六七年的岁月,个中甘辛令人难以忘怀。

一、北大·苏州·北大
——酝酿与筹划

编纂这样一套丛书,起因于1981年7月。当时陈云同志派人到北京大学召开了小型座谈会。来人告诉与会人员陈云同志最近在考虑两个问题:一个是粮食,一个是古籍整理。对古籍整理,特别讲到陈云同志说:"整理古籍,为了让更多的人看得懂,仅作标点、注释、校勘、训诂还不够,要有今译,争取做到能读报纸的人多数都能看懂。有了今译,年轻人看得懂,觉得有意思,才会有兴趣去阅读。今译要经过选择,要列出一个精选的古籍今译的目录,不要贪多。"这就是后来收入《陈云文选》的那段话。1981年9月,中共中央关于整理我国古籍的文件中一字不差地强调了这段话。1983年,教育部成立了全国高校古籍整理研究工作委员会(简称古委会)。古委会主任周林同志根据中央和陈云同志意见,提出了组织力量今译古籍。但在当时,经过"文革"后的古籍整理工作百废待兴,加之一些学者对今译重要性的认识远非今日之深,这一工作一拖便是两年。

1985年5月,全国高校古委会在苏州召开了一届二次会议。周林同志在会上作了"人才培养和古代文化遗产普及问题"的专题发言,他分析了"解放三十多年来,由于'左'的路线干扰,特别是'文化大革命',几乎使我们的民族文化到了中断的边缘,出现了对古代文化知之不多,或知之甚少的状况",要教育界的同志"做好普及古代文化知识的工作",搞好古籍的今注今译就是其中的一项重要任务,"高校古委会要在这方面多下功夫","高校古籍研究所无疑应担负起这个任务"。他针对当时一些人轻视古籍的今注今译思想,呼吁"我们对于选本、今译等有利于教育普及的东西,应承认它的学术价值","《昭明文选》、《唐诗三百首》、《古文观止》等是地道的选本,流传几百年,发生那么大的影响,能说没有水平?""专家们深入浅出的在对古文献研究基础上的译注,对普及古代优秀文化作出重大贡献,算不算高水平的成果呢?""古文既要译得恰当、准确,又要通畅易懂,难度是很大的","为了社会主义精神文明建设,古籍整理这方面也要作出应有的贡献"。一石激浪,沉寂了几年的今译古籍的话题又重新活跃起来。会上作了一番认真讨论。

经过这样的酝酿,1985年7月,全国高校古委会科研项目评审组的专家们聚集在北京大学勺园,筹划编纂一套古籍今译的精选本。初步定名为《古籍今译丛书》,议定了收书范围、内容,开列了65种书的选目。并决定由科研项目专家评审组召集人、复旦大学古籍所所长章培恒教授和参加过陈云同志在北大召开座谈会、当时古委会主管科研工作的副秘书长安平秋同志共同负责,与秘书处同志一起具体筹划。经几个月的筹备,决定由古委会直接联系的18个高校古籍研究所承担这一工作,组成编委会,并开列出89种书的选目,对选译的进度、规划亦作了设计。此时,几家出版社闻讯而至,表示愿意出版这套丛书。最早与我们联系的巴蜀书社的段文桂社长以其强烈的事业心和对古籍今译的高度重视感动了我们,于是决定邀请巴蜀书社编辑参加第一次编委会议。

二、从柳浪闻莺到桂子山上
—— 第一批书稿的产生

第一次编委会于1986年5月在杭州柳莺宾馆

召开。宾馆因位于西湖十景之一的柳浪闻莺而得名。全国高校18个研究所的24名学者和有关人员聚集在这风景胜地,无心观柳,亦无从闻莺,紧张地工作了三天。会上确定了这套普及读物的读者对象是具有中等以上文化程度的广大群众,收书范围是中国历代文史名著,在名著之中选精。所选书目,在原拟89种基础上,调整为116种,以形成系统性。书中选篇之下分提示、原文、今译、注释四部分,以译文为主,书前有一前言,书中加入必要的插图。每一种书约10—15万字。书名确定为《古代文史名著选译丛书》。即由到会的24位学者组成丛书编委会①,由章培恒、马樟根、安平秋三人任主编。于是,编委会立即分成三个工作小组,在会上分头拟出丛书《凡例》、《编写、审稿要求》和《文稿书写格式》,经讨论修改而形成了正式文字以供遵循。在

---

① 编委会成员按姓氏笔划排列为:
马樟根　平慧善　安平秋　刘烈茂　许嘉璐　李国祥
金开诚　周勋初　宗福邦　段文桂　董治安　倪其心
黄永年　章培恒　曾枣庄(以上为常务编委)
王达津　吕绍纲　刘仁清　刘乾先　李运益　杨金鼎
曹亦冰　常绍温　裴汝诚(以上为编委)

自报的前提下，会上确定了由18个研究所承担前40部书的今译任务，要求当年年底完成。古委会主任、丛书顾问周林同志对编委会的认真精神、紧张工作和显著效率十分赞赏，他说："有这样一个编委会，有这样一个阵容来做选译，使中国历史文化不成为专属于少数人的知识，使能看报纸的人都读懂自己民族的名著，从而树立爱国主义、建设有民族特色的精神文明，其意义之深远将会在今后愈益显露出来。"于是，有1000余万字的大工程便从这里开始了。

当年年底各研究所的今译书稿经作者完成后，由在该所的编委审改，到1987年5月和7月，先后在复旦大学、北京大学两次召开编委审稿会。这种审稿会，说是审稿，实际上是边审边改，字斟句酌，每部书稿必须经一位编委、一位常务编委审改把关，经过这样两道工序，汇总到主编手中，40部书稿通过了25部。其中部分书稿赶印了样稿征求意见。于是周林同志于7月6日在北大临湖轩邀请了在京十几位专家与正在审稿的编委一起研究样稿，探讨如何提高这套今译丛书的质量。

根据编委审稿发现的问题和在京专家们的意

见,丛书亟需在已定体例的框架中条列细则;而出版单位巴蜀书社又希望所出版的第一批书为50种以便形成格局,需要布置各研究所承担新的今译任务。这样,1987年10月在华中师范大学再次召开了编委会,又请了詹锳、周振甫、刘乃和、郭预衡等先生到会指导。

这次编委会是在审看了40部书稿后,发现了一大批问题亟待解决,又是在需要布置下一步任务的状况下召开的,是一次承上启下的编委会。会议初期人们的心情和会上的气氛都带有一股子严峻与急切。会议从5日到8日开了三天半。但是在4日晚上开预备会的时候,主编章培恒先生尚未到会,亦无他是否已从上海出发的信息。5日上午就要开会了,主编不到怎么行呢?5日一早,我们还在沉睡之中,忽听有人敲门,进来的竟是章培恒!一向风神儒雅、衣装考究的章培恒先生,此时却是一身尘灰、满脸疲惫地站在我们面前。原来他从上海出发前,未能买到机票或船票,而上海到武汉又没有直达火车,只好先从上海坐火车到长沙,为了不误5日上午开会,他只好买了一张无座票,夜间从长沙出发一直站到武昌。一向走路辨不清方向的章培恒竟然在夜色未退之前一人从车站摸到了华中师大专家楼,也算是奇迹。

这次编委会,从体例的具体要求、书中选篇是否合适、每篇中的提示如何写、注释的繁简和语言的通俗性,到今译的信达雅如何把握,例如李白的"床前明月光,疑是地上霜,举头望明月,低头思故乡"这样通俗的诗是否要翻译,在在都有热烈的争论。感谢编委们的努力和学术判断力,最后终于形成了一个《细则》,一切争论都统一在这个《细则》之上。编委们在思想明确、分得新的任务之后,显出了少有的轻松与喜悦。会议结束正逢中秋节,华中师大的专家楼坐落在武昌桂子山上。入夜,桂子山上举行了赏月茶会,几张方桌,围坐着全体编委和特邀到会专家。天上明月如盘,清辉洒地,眼前桂树葱茏,桂花飘香,华中师大古籍研究所的青年们活跃席间,引得王达津先生即席赋诗,刘乃和先生清唱京戏。这气氛预示着《古代文史名著选译丛书》克服了当前的困难,第一批50种书稿有如母腹中的胎儿,快要降生了。

三、华清池畔的愁云与人民大会堂的欢欣
——第一批书出版的柳暗花明

1988年10月,编委们再一次聚会,审定第一批

50种中的最后十几部书稿、修改第二批50种中的大量书稿。这次审稿是在"东枕华山、西拒咸阳"的骊山脚下、华清池滨的一家招待所。这里古朴而不豪华,食宿低廉却又实惠,审稿之余,左近有风景可观,有古迹可寻,房内有43℃的温汤沐浴,编委们平日在校教学、科研工作劳累而生活清苦,如今有这样的环境与条件,感到少有的惬意。我们作为主编觉得这也是对编委们两年来辛勤编书的一点补偿。但这种适意之感很快就被两件事所驱散。一件事是书稿的质量。几十部书稿交来,一经审看,从注译到体例完全合格的只有寥寥可数的三四部,余下的,或需小改,或需大改,或根本不合格需退回重作。另一件事是出版发行成了问题。到会的巴蜀书社副社长黄葵同志向大家通报了即将印出的16本书征订情况,最多的为2000册,且只有一种,其他的只有800册、600册,甚至还有200余册。征订不佳,销路不畅,出书要赔钱,出版社为难,编委们又无计可施。此时哪还有心思去观赏"骊山云树郁苍苍,历尽周秦与汉唐"?也无心绪登上骊山,在烽火台前怀古。且正值"楼台八月凉"的节令,只有华清池畔秋雨飘零,秋风瑟瑟,落叶满地,不禁愁从中来。

愁则愁，还得面对现实。书稿质量不高，靠到会近20位编委十余天的逐字逐句修改，终于改定合格17部。至于出版发行问题，巴蜀书社的朋友费心经营，重新设计了封面，改进装帧，将第一批50种装成一个大礼品盒，成盒出售。从中又得到了国家新闻出版署、四川省出版局、国家教委有关司局和各省市教委的大力支持与帮助，发行面得以扩大，到了1990年下半年，首印的17000套书销售已尽，而问讯、索购者不绝，出版社决定再印30000套以供读者需要。中央领导了解到这套丛书受到读者欢迎，欣然为丛书题辞，江泽民总书记的题辞是"做好我国古代文史名著的传播普及工作，使其古为今用，以发扬爱国主义精神"，李鹏总理的题辞是"弘扬民族优秀文化，激励爱国主义精神"。李瑞环同志也为丛书题了辞。

1990年8月22日在北京人民大会堂召开了《古代文史名著选译丛书》出版座谈会。国家领导人李铁映、胡乔木、李德生、陈丕显、廖汉生、王汉斌、王光英出席，古委会主任周林同志主持会议，到会各阶层代表在发言中从不同角度肯定了这套书对促进青少年了解历史、了解国情、了解中华民族优秀传统文化、进行爱国主义教育的作用。时值盛夏,却逢喜雨,洗却了编委和出版社同志心中的忧虑,参加大会堂座谈会的13名常务编委会后又聚集在北京大学讨论深入认识编纂这套丛书的重大意义,研究审改好第二批书稿的具体措施。

四、从舜耕山庄耕作到乐山脚下
——第二批书稿审定之艰辛

第二批书稿50种50册,是1987年10月布置的。1988年10月在西安审改合格的17部书稿都已放入第一批中以替换原已通过的第一批中质量较差的书稿。这样,第二批书稿当时余下的已完成的有20余部,却都不合格,只能要求译注者和编委再行修改。一年之后,编委会汇总来重新改好和新译注交来的第二批书稿44部,1989年10月于济南千佛山下的舜耕山庄召开了常务编委审稿会。

这次审稿,发现的问题较多。有的选目不当,如有的史书重要人物的传不选却选入无关紧要而又无学习价值的人物传,有的名家的文章名篇不选却选入既无文学价值又无借鉴意义的篇章。有的选译所依据的底本不当,舍弃现有的精校本却用校勘不善的本子。有的虽有根据地改动正文却只在注释中说"原作……据别本改",而不指明据何本改。有的注释过繁,不利于一般读者阅读;有的注释极简,该注释的地方不注,使广大读者看了译文仍无法理解全文的精妙;而更多的是注释不准确,对一字一词增字为训而歪曲了原意的毛病也较普遍。译文问题更多,有的语义不清,佶屈聱牙,把"三顾频烦天下计,两朝开济老臣心"译为"三顾茅庐频烦为天下大计,两朝事业开济尽老臣忠心",有的为追求通俗生动把"君何往"中的"君"译为"老兄"。每篇的提示,有的写得很长变成了文章赏析,有的虽短却不中肯綮,用了类似"文革"期间的语言扣几顶大帽子了事。看这样的稿子都觉头痛,改这样的稿子更感艰难。审稿历时12天,参加审稿、当时63岁的黄永年先生向我们诉苦:"头发掉了一把!"有的编委说,千佛山古称历山,传说舜在这里开垦耕耘,十分艰辛,我们住在舜耕山庄,预示着我们为这套丛书垦荒笔耕,也要历尽千辛。这次审稿,经过审改之后,有10部书稿合格,有11部需会后再作小的修改方能通过,余下的均需作大的改动或另请人译注。

这次审稿还研究了所选戏曲部分的曲辞如何今译问题,如规定了念白中出现的诗句只注不译,上、下场诗只注不译,注而不译的文字在译文中应予保留以便参读。

到1990年12月,丛书常务编委在广州研究丛书如何体现批判继承精神、如何提高第二批书稿质量时,又有18部书稿完成交来。为了保证书稿质量,使1991年上半年召开的常务编委审稿会得以顺利进行,我们三个主编从广州匆匆赶到北京,用了一周时间审看了这18部书稿,通过了7部,11部退改。当我们看完最后一部书稿碰头研究时,已是12月31日。在1990年一年内,我们仅仅通过了这7部书稿。加上1989年在舜耕山庄通过的10部,也仅有17部,尚差33部方足第二批的50部。

1991年5月,常务编委来到古称嘉州的乐山市,在乐山山腰的八仙洞宾馆继续审改第二批书稿。改稿时间只有十天,要力争将50部推出,其繁重可知。我们在改稿过程中,不禁想到明万历年间嘉州知州袁子让的诗句"登临始觉浮生苦",想到这套丛书从起步到这次审改已历时5年,当初怎么也没有想到完成这套丛书会是如此的艰辛,真是登临始觉笔耕苦啊!

这次乐山审稿,通过了13部书稿。好在余下的20部书稿只须小改即可在会后交稿,终于在1991年8月将这20部书稿全部改定交巴蜀书社。第二批50部历时近四年终于定稿了。

五、在金陵古都作光辉的一结
——第三批书稿的完成

1990年12月据出版社的要求,这套丛书出齐当为150种,到乐山会上又修正为110种至125种,最后数字的确定根据最后一次审稿结果而定,合格的即入选,不合格的不再修改选入。根据这一共识,今年4月中旬,我们一部分常务编委聚集到六朝古都南京,从已经交来的35部书稿中选择经小改合格的书稿。经过十一天的劳作,选择、改定33部,由到会的常务编委、巴蜀书社的段文桂总编和编委、巴蜀书社的刘仁清副编审带回成都,将经由他们的继续辛苦而使《古代文史名著选译丛书》以133部、1500万字之数呈献给热爱中华文化的读者。

这套丛书从1986年5月起步,历时整整六年,平日繁细工作不计,仅编委大小审稿会就开了12次之多。丛书的发起人、顾问、古委会主任周林同志先后参加了8次审稿会,每次都自始至终和大家在一起,听取审稿情况,了解遇到的问题;当我们遇到困难的时候他为我们鼓劲,当我们感到欣喜的时候他提醒我们不可大意。这次他又和我们一起来到虎踞龙蟠的石头城下,为我们督阵,看我们能否为这套丛书作出光辉的一结。

此时此刻,我们与这次会议的东道主、丛书常务编委、南京大学的周勋初先生漫步在中山陵旁,想到今译丛书已基本完成,自然感到如释重负,但理智却使我们不敢轻松,我们期待着全书133部出齐之后专家、读者的评头品足。

1992年4月26日

(原载《中国典籍与文化》1992年第1期)

古代文史名著选译丛书(修订版)总目

丛书主编:章培恒　安平秋　马樟根

书　名	译注者		审阅者		定价/元
老子注译	张玉春	金国泰	安平秋		16.00
庄子选译	马美信		章培恒		18.00
荀子选译	雪　克	王云路	董治安	许嘉璐	19.00
申鉴中论选译	张　涛	傅根清	董治安		18.00
颜氏家训选译	黄永年		许嘉璐		15.00
论语注译	孙钦善		宗福邦		28.00
孟子选译	刘聿鑫	刘晓东	黄　葵		20.00
墨子选译	刘继华		董治安		14.00
韩非子选译	刘乾先	张在义	黄　葵		19.00
新序说苑选译	曹亦冰		倪其心		25.00
论衡选译	黄中业	陈恩林	许嘉璐		22.00
管子选译	缪文远	缪　伟	董治安		18.00
列子选译	王丽萍		周勋初	倪其心	19.00
韩诗外传选译	杜泽逊	庄大钧	董治安		24.00
盐铁论选译	孙香兰	刘光胜	黄永年		13.00
诗经选译	程俊英	蒋见元	刘仁清		19.00
楚辞选译	徐建华	金舒年	金开诚		15.00
贾谊文选译	徐　超	王洲明	安平秋		17.00
司马相如文选译	费振刚	仇仲谦	安平秋		11.00
文心雕龙选译	周振甫		黄永年		17.00
庾信诗文选译	许逸民		安平秋		18.00

书　名	译注者		审阅者		定价/元
嵇康诗文选译	武秀成		倪其心		18.00
谢灵运鲍照诗选译	刘心明		周勋初		18.00
陈子昂诗文选译	王　岚		周勋初	倪其心	14.00
李白诗选译	詹　锳	等	章培恒		22.00
高适岑参诗选译	谢楚发		黄永年		23.00
元稹白居易诗选译	吴大逵	马秀娟	宗福邦		21.00
柳宗元诗文选译	王松龄	杨立扬	周勋初		18.00
李贺诗选译	冯浩菲	徐传武	刘仁清		20.00
杜牧诗文选译	吴　鸥		黄永年		14.00
李商隐诗选译	陈永正		倪其心		19.00
唐五代词选译	亦　冬		董治安		16.00
唐文粹选译	张宏生		周勋初		18.00
晚唐小品文选译	顾歆艺		平慧善		15.00
黄庭坚诗文选译	朱安群	等	倪其心		18.00
辛弃疾词选译	杨　忠		刘烈茂		24.00
元好问诗选译	郑力民		宗福邦		20.00
宋四家词选译	王晓波		倪其心		16.00
黄宗羲诗文选译	平慧善	卢敦基	马樟根		15.00
吴伟业诗选译	黄永年	马雪芹	安平秋		20.00
方苞姚鼐文选译	杨荣祥		安平秋		20.00
明代散文选译	田南池		马樟根		22.00
顾炎武诗文选译	李永祜	郭成韬	刘烈茂		23.00
张衡诗文选译	张在义 韩格平		张玉春	刘仁清	16.00
汉诗选译	张永鑫	刘桂秋	金开诚		19.00

书 名	译注者		审阅者		定价/元
阮籍诗文选译	倪其心		刘仁清		15.00
三曹诗选译	殷义祥		刘仁清		22.00
诸葛亮文选译	袁钟仁		董治安		16.00
陶渊明诗文选译	谢先俊	王勋敏	平慧善		16.00
杜甫诗选译	倪其心	吴 鸥	黄永年		17.00
王维诗选译	邓安生	等	倪其心		20.00
刘禹锡诗文选译	梁守中		倪其心		20.00
孟浩然诗选译	邓安生	孙佩君	马樟根		18.00
韩愈诗文选译	黄永年		李国祥		20.00
欧阳修诗文选译	林冠群	周济夫	曾枣庄		20.00
曾巩诗文选译	祝尚书		曾枣庄		19.00
苏轼诗文选译	曾枣庄	曾 弢	章培恒		23.00
李清照诗文词选译	平慧善		马樟根		15.00
陆游诗词选译	张永鑫	刘桂秋	黄 葵		24.00
朱熹诗文选译	黄 珅		曾枣庄		20.00
文天祥诗文选译	邓碧清		曾枣庄		20.00
袁枚诗文选译	李灵年	李泽平	倪其心		20.00
王安石诗文选译	马秀娟		刘烈茂	宗福邦	18.00
二程文选译	郭 齐		曾枣庄		25.00
范成大杨万里诗词选译	朱德才	杨 燕	董治安		26.00
萨都剌诗词选译	龙德寿		曾枣庄		28.00
王阳明诗文选译	吴 格		章培恒		18.00
徐渭诗文选译	傅 杰		许嘉璐	刘仁清	17.00
李贽文选译	陈蔚松	顾志华	李国祥	曾枣庄	17.00

书　名	译注者		审阅者	定价/元
三袁诗文选译	任巧珍		董治安	17.00
王士禛诗选译	王小舒	陈广澧	黄永年	13.00
龚自珍诗文选译	朱邦蔚	关道雄	周勋初	13.00
尚书选译	李国祥 谢贵安	刘韶军 庞子朝	宗福邦	14.00
礼记选译	朱正义	林开甲	宗福邦	22.00
左传选译	陈世铙		董治安	22.00
国语选译	高振铎	刘乾先	黄　葵	22.00
战国策选译	任　重	霍旭东	李国祥	21.00
吕氏春秋选译	刘文忠		董治安	17.00
吴越春秋选译	郁　默		倪其心	19.00
史记选译	李国祥 张三夕	李长弓	安平秋	29.00
汉书选译	张世俊	任巧珍	李国祥	22.00
后汉书选译	李国祥 彭益林	杨　昶	许嘉璐	24.00
三国志选译	刘　琳		黄　葵	18.00
晋书选译	杜宝元		许嘉璐	15.00
宋书选译	漆泽邦	孔　毅	李国祥	19.00
南齐书选译	徐克谦		周勋初	18.00
北齐书选译	黄永年		安平秋	16.00
梁书选译	于　白		周勋初	17.00
陈书选译	赵　益		周勋初	17.00
南史选译	漆泽邦		安平秋	22.00
北史选译	刁忠民		段文桂	20.00

书　名	译注者		审阅者		定价/元
周书选译	黄永年		安平秋		15.00
魏书选译	杨世文	郑　晔	周勋初		22.00
隋书选译	武秀成	赵　益	周勋初		20.00
新唐书选译	雷巧玲	李成甲	黄永年		16.00
旧唐书选译	黄永年		章培恒		16.00
新五代史选译	李国祥 姚伟钧	王玉德	周勋初		18.00
旧五代史选译	贾二强		黄永年		17.00
宋史选译	淮　沛	汤　墨	曾枣庄		20.00
辽史选译	郭　齐	吴洪泽	曾枣庄		21.00
金史选译	杨世文 李文泽	祝尚书 王晓波	曾枣庄		21.00
元史选译	樊善国	徐　梓	马樟根		25.00
明史选译	杨　昶		李国祥		20.00
清史稿选译	黄　毅		章培恒		22.00
贞观政要选译	裴汝诚	王义耀	黄永年		18.00
史通选译	侯昌吉	钱安琪	周勋初		16.00
资治通鉴选译	李　庆		黄永年		16.00
续资治通鉴选译	徐光烈		安平秋		24.00
通鉴纪事本末选译	谈蓓芳		章培恒		21.00
洛阳伽蓝记选译	韩结根		章培恒		22.00
梦溪笔谈选译	李文泽		曾枣庄		20.00
徐霞客游记选译	周晓薇	等	黄永年	马樟根	17.00
宋代笔记小说选译	朱瑞熙	程君健	金开诚等		19.00
关汉卿杂剧选译	黄仕忠		刘烈茂		24.00

书 名	译注者		审阅者		定价/元
明代文言短篇小说选译	黄 敏		章培恒		23.00
六朝志怪小说选译	肖海波	罗少卿	刘仁清		21.00
世说新语选译	柳士镇	钱南秀	周勋初		23.00
水经注选译	赵望秦 张艳云	段塔丽	许嘉璐		19.00
唐人传奇选译	周 晨		曾枣庄		24.00
唐五代笔记小说选译	严 杰		周勋初		21.00
大慈恩寺三藏法师传选译	贾二强		黄永年		18.00
宋代传奇选译	姚 松		周勋初		22.00
聊斋志异选译	刘烈茂 欧阳世昌		章培恒		22.00
阅微草堂笔记选译	黄国声		安平秋		16.00
清代文言小说选译	王火青		周勋初		23.00
历代名画记图画见闻志选译	周晓薇	赵望秦	黄永年		17.00
容斋随笔选译	罗积勇		宗福邦		20.00
唐才子传选译	张 萍	陆三强	黄永年		24.00
西厢记选译	王立言		董治安		20.00
元代散曲选译	彭久安		刘烈茂	金开诚	21.00
日知录选译	张艳云	段塔丽	黄永年		22.00
桃花扇选译	张文澍		章培恒	段文桂	15.00
牡丹亭选译	卓连营		章培恒		14.00
长生殿选译	戚海燕		董治安		20.00